「食」の図書館

食《しょく》用《よう》花《か》の歴史

EDIBLE FLOWERS: A GLOBAL HISTORY

CONSTANCE L. KIRKER AND MARY NEWMAN
コンスタンス・L・カーカー／メアリー・ニューマン【著】
佐々木紀子【訳】

原書房

目次

［……］は翻訳者による注記である。

はじめに

運がよかったのか、あるいは「かまどの神」のはからいか。何しろベトナムの旧正月である「テト」（かまどの神が人間の行ないを天の上帝《じょうてい》に報告する日）のことだった。理由はともかく、5週間にわたって東南アジアで食用花《しょくようか》を調査してきた私たちが、ホーチミン市でオープンしたてのレストラン「チー・ホア」に出くわしたのは、願ってもない幸運だった。ベトナム語で「ホア」は花。メニューを開いてすぐ目に飛びこんできたのが「ラウ・ホア」、南ベトナム名物の花鍋だったのだ。まさに、来るべくして来たレストランだ。

ここの花鍋の材料は、鮮やかなみずみずしいカボチャやカンゾウの花、白いシロゴチョウの花、ハスの茎に、黄色いイチビのつぼみなど。これらの花を、一口大に切った鮭を入れたあっさりしたパイナップルのスープで煮ていただく。レストランのパンフレットには店名の由来も書いてあった。「ホアは花を意味します。ベトナム女性によくある名前です。あか抜けていて、やさしくて、家族のためにいつも心を込めて料理する、そんな女性をイメージして、この名前をつけました」。気さくでにこやかなマネージャーは、店の哲学をかいつまんで話してくれた。「そうですね……うちで

ベトナムの旧正月テトでは、かまどの神が各家庭のこの一年の行ないを天界の上帝に報告するといわれる。この3人のかまど神はベトナムのフエ市の市場で買ったもの。

はお客様を家族の一員のように大事にしているんです」。この話はまさに、私たちが調査を通じて知った、花が食べ物に与えるパワーをそのまま表している。古今東西、花を料理に使うのは特別で非日常的なことだ。また、花を使うときにはいつも理由がある。だから、大切に扱われる。花をたまたま使った、あるいは、目的もなく使った、などということはない。つまり花は、あなたのことを大切に思い、あなたがこれから食べる料理を美しく飾ろうと願う人が用いるものなのだ。

基本的に、花そのものには味も風味もほとんどない。ではなぜ人類史において、花はパワフルな食材として扱われてきたのだろう？　先史時代の狩猟採集民や、中世の洗練された宮廷料理人たちのあいだでは、

花鍋は、ベトナムのホーチミン市のレストラン「チー・ホア」の目玉料理。

どのように料理されてきたのだろう？　そして、アメリカで生まれた産直運動「ファーム・トゥ・テーブル」から、最新の分子ガストロノミー［調理を科学的な観点から解明する研究分野。食材が変化する仕組みを分子レベルで分析し、調理技術の向上を目指す］のトップレストランにいたるまで、食用花が今日の料理界でふたたび脚光を浴びている理由はなんだろう？

行動科学の研究者によると、花を贈られるとほとんどの人は「デュシェンヌ・スマイル」という本当にうれしいときの笑みを浮かべるという。見た目の美しい食事が笑顔を呼ぶことは、家庭の母親も、レストランの接客係やシェフたちもよく知っているだろう。花は、テーブルを彩《いろど》るために欠かせないものであり、皿に載せればかわいらしい飾りになる。しかし、食材として花を用いるのはそれほど一般的ではない。本書を通じて食用花の歴史を探求することで、読者が食卓にフラワー・パワーを取り入れる手助けができたらと思っている。

本書の目的上、花の定義についてはシンプルに「植物の種を宿す部分」とする。この部分は花粉でおおわれた雄《お》しべ（雄性生殖器官《ゆうせいせいしょくきかん》）と、植物の生殖器である雌《め》しべ（または花冠《かかん》）、そしてそれらを取り囲む色とりどりの花弁、それに緑の萼《がく》［一般に、花弁の外（下）側にあり、花全体を支える役割を持つ部分］から成っている。数々の著作を発表しているベルギー人作家、アメリー・ノートンがいうように、花とは「日曜日のおしゃれをした巨大な性器」なのかもしれない。

いったいなぜ、人は花を食べたりするのだろう？　それは、ものを食べるのは生きるためだけではなく、楽しむためでもあるからだ。私たちは、舌だけでなく目や鼻を使って食べ物を楽しむ。ど

食料を採集するアステカ族。16世紀にベルナルディーノ・デ・サアグン修道士が編纂した『フィレンツェ絵文書』のなかのスケッチ。人類史が始まって以来、人は食用花を摘んできた。

んな料理でも花を添えれば五感にアピールする。花の形や色が目をよろこばせ、かぐわしい香りが鼻を楽しませ、味が舌を満足させるのだ。

あまり花としては認識されていないが、一番身近な食用花は間違いなくブロッコリーとカリフラワー、そして芽キャベツだろう。一見ただのきれいな野菜に見えるが、じつは花を咲かせる部分なのだ。ほとんどの野菜は実や葉を食用とするのに対し、これら3つの野菜は花をつける頭の部分を食べる。

花は日々の食卓によく上るものではないので、あえて花を使うことで料理を特別なものにし、ごちそうへと昇華させることができる。花は新鮮さとやさしさのメッセージだ。多くの文化では、祭りや特別な行事に決まった花が儀式的に用いられる。花が添えられると、いつもより格上の料理になる。さらに、花を食べることは健康にもよい。太古から、伝統的医療の治療師は数多くの花の薬効成分を研究しており、現代でもその多くが植物性の生薬《しょうやく》やサプリメントの中に含まれている。

当然、多くの植物と同じく食用花にも開花時期というものがある。楽しめる期間は短い。そのため食用花の栽培や流通、調理にはそれなりの費用がかかり、裕福な人だけが楽しめるとも言えるだろう。ヨーロッパでは中世に「奢侈《しゃし》」禁止令が出された。アメリカの有名な法律辞典『ブラック法律辞典』によれば、その目的は「奢侈、つまり贅沢を抑えるため。特に身なりや食物、家具への過度な支出をいましめる」こと。こうした法令は社会の階級制度を強化し、維持するためのものだった。今日でも食用花は、どこにでもある大衆食堂よりもファッショナブルな高級レストランで目に

食用花のシンプルで簡単な使い方の一例。デビルドエッグにマリーゴールドやナスタチウムをあしらっている。

することのほうが多い。とはいえ、食用花は広い層の消費者に好まれはじめている。たとえばアメリカ人が好む独立記念日のピクニックでは、ゆで卵の前菜「デビルドエッグ」にきざんだマリーゴールドを散らすのはめずらしくない食べ方だ。

食用花はさまざまな方法で料理に用いられる。その風味や香り、食感や色を活かして生でそのまま使ったり、冷凍したり乾燥させたり、あるいは砂糖漬けにすることもある。分子ガストロノミーにおいては泡として、肉や魚料理、パスタ、サラダ、スープやデザートに使うこともある。食用花の一般的な使い方は、料理のつけ合わせ、甘い砂糖漬け、コンフィ［ジャム］、ジェリー［ジュースをジャム状に煮込んだもの］などから、花の酢漬けあるいは花酢《はなす》、エッセンスやスパイス・ミックスの香りづけ、食材の色づけなどだ。また、お茶、インフュージョン［植物を多めに、長時間煎じたお茶］やチザンヌ［花を使ったハーブティー］、フレーバーウォーターにシロップ、リキュール、コーディアル［ハーブやフルーツほかをシロップにつけて濃縮したノンアルコール飲料］、カクテル、ワイン、ビール、それに蜂蜜酒《ミード》などがある。

本書における食用花の研究は、歴史的にも地理的にも、これまでに行なわれたものよりずっと広範だ。地域別に新しい材料や食用花の新しい使い方を紹介し、移民コミュニティやエスニック市場で仕入れた情報や、多くの国での調査結果にもふれる。古代から今日まで、食用花が歴史的にどのように用いられてきたかを一望し、近年の新たなトレンドも探っていく。

本書を読んで、ぜひ新しい風味や料理の盛りつけに挑戦し、料理を豊かにしてほしいと思う。最近では、料理に使いやすいように梱包段階ですでに処理がされているものも多いので、食用花は意外に簡単に扱えるかもしれない。また、自分で花を植えてみたい読者のために、庭で育てやすい食用花も数多く紹介する。

リー・ミンザー氏は、雲南《うんなん》地方（中国）の料理についていくつもの著作がある料理評論家だ。彼が２０１４年6月26日の『環球時報』英語版で書いた一文は、本書の目的とぴたりと一致する。「花料理の流行に乗るのに、今ほど絶好のタイミングはない」。そして、さらに重要なことがある。食用花の伝統が長年にわたり伝えられてきた背景にあるのは、花を食べることで、より美しく、より丈夫になりたいという、人々の思いなのである。

第1章 ◉ 古代の世界

およそ1億年前、人類が誕生するよりもはるか昔、花は地球上に生まれ、さまざまな形や色、香りで地表を飾った。のちに昆虫や動物が花とかかわるようすをじっと観察した私たちの遠い先祖は、どの花が人を癒やし、どれが毒になるか、どれが食べられるのかを学んだ。

いつの頃からか昔の人々は、花が単に美しいだけでなく、さまざまな用途をもつことも発見していった。花の魅力的な特徴――たとえば明るい色やよい香り――は、近い将来ここで食べ物が得られるという目印になり、ときには大きな看板の役目を果たした。花の雄しべや柱頭《ちゅうとう》［雌しべの先端。粘液を分泌し、花粉が付着する部分］、根、茎、つぼみや花びらは、伝統的医療の薬や染料として用いられた。それにともない発見されたのが、驚くほど多くの花が「おいしい」ということ。人類が初めて花を食べ始めたのがいつかを正確に知ることはできないが、世界の古代文明が栄える頃にはすでにさまざまな花が医薬品として、あるいは大事な食材として用いられていたことがわかっている。

多くの史料に食用花についての記載がある。たとえば旧約聖書ではタンポポはサラダに入れる「苦い香草」のひとつとされており、ユダヤ教の「過越の祭り《すぎこし》」では、過越の子羊や種なしパンとともに供されている。旧約聖書の「雅歌《がか》」（第4章13〜15節）にはサフラン（薬用サフラン／学名*Crocus sativus*）が出てくる。

ほとりには、みごとな実を結ぶざくろの森
ナルドやコフェルの花房《はなぶさ》
ナルドやサフラン、菖蒲《しょうぶ》やシナモン
乳香《にゅうこう》の木、ミルラやアロエ
さまざまな、すばらしい香《かお》り草《ぐさ》。
園《その》の泉は命の水を汲むところ
レバノンの山から流れて来る水を。［新共同訳］

ほかにも、旧約聖書続編の「エズラ記（ラテン語）」第9章23〜25節には、花を食べることについて書いた興味深い一節がある。天使ウリエルが預言者エズラに語りかける場面だ。

あなたは更に七日間待ち、その間は断食をしないで、家が建てられたことのない花咲く野原に行き、野の花だけを食べなさい。肉を食べず、ぶどう酒も飲まず、ただ花だけを食べなさい。そして絶えずいと高き方に祈りなさい。そうすれば、私は来て、あなたと語ろう。［新共同訳］

聖書には一度しか出てこないものの、もっとも古い記録が残っている食用花はクロッカス属サフランであり、着色料や薬用、料理の材料として重用されていたと示されている。紀元前2500年頃のシュメールの草本誌には、貴重な雄しべを採るためにクロッカスが栽培されていたことが記されている。この香辛料としての雄しべ部分も「サフラン」と呼ばれる。紀元前7世紀中頃のアッシリアの石板には、250種の薬草のひとつとしてサフランがあげられている。シュメール人はサフランを薬とすることが多いが、その香りと味には中毒性があるため、大量に用いると患者が死んでしまうとも信じていた。

古代の文献としては、ほかにも紀元前1550年頃のエジプトの文書「エーベルス・パピルス」がある。そのなかでは、さらに500年から2000年ほど前の、今は失われてしまった古代の文献も引用されている。エーベルス・パピルスは医学書と言ってよい文書であり、古代エジプト人がルクソールにある王家の薬草園でクロッカス属を栽培し、サフランを万能薬に用いたり、神殿での儀式に使っていたことが記されている。おもしろいことに、ハスの花やスイレンが庭で栽培されたことも言及されている。これらは食材だっただけでなく、亡くなった王族の来世での食物として

ネバムンの墓からの出土品の断片。紀元前1400年頃。食用花を含むさまざまな植物に囲まれたエジプト式の庭園が描かれている。

捧げられてもいた。

サフラン用クロッカス（薬用サフラン）が最初に栽培されたのはペルシアと考えられているが、この花は古代ギリシアなどの地中海地域で何千年にもわたって育てられていたという。特にギリシア人はサフランの性質を熟知し、現代の「クロッカス」という名はギリシア語の「クロコス」（糸という意味）から来ている。サフランを摘む人々の姿はミノア文明の陶器などの工芸品に見られ、フレスコ画にも描かれている。こうしたフレスコ画が描かれたのは紀元前１５００年頃であり、サントリーニ島アクロティリにあるミノアの青銅器時代の遺跡で発見された。

サフランの収穫。サントリーニ島のミノア人のフレスコ画。紀元前1600 ～ 1500年頃。

古代ギリシア人は、サフランだけでなくアーティチョークやケシ、カーネーション、ハスといった花を栽培し、食べていた。ホメロスの叙事詩『オデュッセイア』では、海を漂流中のオデュッセウスと乗組員の船が未知の土地にたどり着く。オデュッセウスが何人かを偵察に出すと、彼らはロートパゴス族（ハスを食べる人々）に遭遇した。オデュッセウスの言葉は次のとおり。

ここの住人はわが友を殺すことなど夢にも考えなかった。代わりに、ハスを食べろとすすめた。この植物の甘い実を食べるやいなや、船に報告に戻ろうとか、あるいは逃げようなどという気持ちは、彼らの頭からきれいに消えうせてしまった。彼らはただ、ロートパゴス人とともにその場にとどまり、ハスを好きなだけ食い、帰るべき故郷すら忘れたいと思ったのだった。

ホメロスが書いているハス（ロータス）が何だったのかはいまだにはっきりしていないが、シャジクソウ属やセイヨウミヤコグサ、柿、エノキ、あるいはスイレンではないかと考えられている。最近になって、エジプト人は青いスイレン（ブルーロータスとも呼ばれる）や、催眠性《さいみんせい》、向精神性《こうせいしんせい》の作用がある花も栽培していたことが明らかになった。

食用花についての古代の記録のなかでも特に興味深いのがローマのものだ。西暦1世紀のローマ人で食通として名高い、贅沢を愛したマルクス・ガビウス・アピキウスの著作とされていた『ローマ帝国の料理法と食事 *Cookery and Dining in Imperial Rome*』は、一般人向けのローマのレシピを集め

ローレンス・アルマ＝タデマの『ヘリオガバルスの薔薇』（1888年）。伝説によると、ローマ皇帝ヘリオガバルスは敵を宴会に招き、大量のバラで窒息死させたという。

たもの。つまり、世界のあらゆる料理本のさきがけである。ただし真の著者が誰なのかは今も謎だ。レシピが集められたのは4～5世紀になってからだろうと推定されるためである。

本当にアピキウスが書いたかどうかは別にしても、この本にはローマ帝国の料理と料理法についての興味深い情報が満載だ。アピキウスは、ナスタチウム、フェンネルの花、サフランを使ったレシピを紹介し、これらを大事なスパイスとして「家に常備しておき、切らすことがないようにしなければならない」と書いている。また、サフランを入れたローマのベルモット酒や、バラやスミレのワイン、バラのパイとバラのカスタード、それにケイパー（ケッパー）を入れた「ゆでた料理」なども載っている。現代料理かと思うような「カエルの脚のフライ」のレシピでは、つけ合わせにフェンネルの花が使われている。

また古代ローマ人は、キンセンカの名でも知られる「カレンデュラ」（学名 *Calendula officinalis*）をさまざまな方法で食べていた。カレンデュラには、妖精の姿が見えるようになる、眠気を誘発する、官能的な感情を高めるといった多くの副作用があると考えられていた（最後のふたつは矛盾しているように思えるが）。カレンデュラは、酢と混ぜてサラダや保存食に用いることもあれば、肉の味つけに使うこともあった。乾燥させた花の部分はスープに入れられた。また、花部分はチーズの最古の染料として知られており、バターを着色する際にも用いられた。

ギリシア人と同じく、ローマ人もピンクや淡黄色《たんこうしょく》（カーネーション色）の花びらを料理に使っていた。彼らはカーネーションをヨヴェ（ユピテルのこと）の花、つまり彼らにとっての神の名前で呼んでいた。バラの花びらは、ローマだけでなくギリシアやエジプト、ペルシアでも香りづけのために用いられた。花びらの部分は料理のつけ合わせになるか、あるいは砂糖漬けにしてそのまま食された。

地中海沿岸の文化圏で用いられた食用花の多くは東洋原産であり、陸上のシルクロードや、エリュトゥラー海（今日のアラビア海）を通る海路を経てインドから運ばれてきたものだ。アニスやシナモン、ナツメグ、コショウといったスパイス類に加え、食用花もこうした交易の道をたどった。フェニキア人が市場を支配していたクローブや、ペルシアや中国で育てられていたバラがおもな商品である。

◉アジア

中国では新石器時代からカンゾウや菊などの食用花がよく食べられていた。またハスは栄養のバランスがよく、寿命を延ばすと信じられ、愛されてきた。大昔のハスのレシピは、竹簡《ちくかん》や絹布《けんぷ》に書かれたものが発見されている。ハスの花びらは生でそのまま食べたり、衣をつけて揚げていた。乾燥させた雄しべは茶の材料にもなったので、古代の中国では、ハスのほとんどの部分が料理に用いられていたといえる。今日でも、ハスは数々の中国料理に使われている。

バラの栽培が始まった時期は、中国の伝説上の皇帝、神農《しんのう》が治めたといわれる時代までさかのぼる。美しさと香りのよさが珍重されたバラは酒にも用いられた。バラ酒は今でも、中国の焼肉やソースの材料として人気がある。中国では花も薬草のうちに含まれる。多くの花が、何世紀にもわたって薬として――あるいは食材として――用いられてきた。

中国の神話によると、神農は薬王大帝《やくおうたいてい》とも呼ばれ、約360種類の薬草を発見して記録したものの、ついに毒にあたって亡くなったという。また中国では、伝統的にジャスミンが体内の熱をさまし、神経を鎮めると考えられている。もっとも古い文献のひとつに、多数の処方薬を載せた『五十二病方《びょうほう》』がある。これは、紀元前168年に築造された馬王堆漢墓《まおうたいかんぼ》のひとつから出土した医学書だ。

2500年も前から、中国の商人はインドネシアのモルッカ諸島にあるテルナテ島からクロー

ベトナム北部の山岳部サパの伝統料理「七色のおこわ」

サンスクリット語の叙事詩『ラーマーヤナ』では、ラーマ王子と妻のシーターがアガスティヤから「食用花と球根の食事」を与えられる。メーワール王国のラーマーヤナ写本（1649年）より。

ブ（丁子《ちょうじ》）を輸入しており、この島はそのため丁子島とも呼ばれた。やがてクローブは中東まで伝わり、ローマ帝国の時代にアラブ人によってヨーロッパに持ち込まれた。

北ベトナムのラオカイに住む少数民のヌン・ジン族は、「ソイ・バイ・マウ」という一風変わった米料理を食べる。一般に「七色のおこわ」として知られ、名前のとおり、地域の花などを使って米を七色に染めた料理だ。色は鮮やかな緋色《ひいろ》や明るい緑、黄色、紫など。この料理は何百年にもわたって作られてきたもので、その起源は、侵略者であった漢民族をヌン・ジンの人々が撃退したという故事までさかのぼる。この戦いは7か月続いた。7つの米の色は、それぞれがひとつの月を象徴している。作るのにとても手間がかかるため、祭りなどの祝い事のときにだけ出される特別なごちそうだ。

インドでは、食用花を使うこと――特にその色と香りを利用すること――は、アーユルヴェーダの治療の一環である。サンスクリット語から翻訳されたアーユルヴェーダとは「生命の科学」という意味で、ヒンドゥー文化の伝統的医療の体系として紀元前2世紀にインダス河沿岸で始まった。中国の陰陽《いんよう》思想と同じように多くの花が「温」か「冷」に分けられ、人間の行動や肉体のバランスを取るために用いられる。インドにおける食用花の記録は、今も人々に愛される古代の叙事詩『ラーマーヤナ』にも見られる。主人公のラーマ王子と妻シーターが森の中で聖仙《せいせん》アガスティヤに助けられ、「食用花と球根の食事を与えられ、その後ふたりは少しも空腹を感じなかった」とある。

◉アメリカ

アメリカ大陸の先住民族が花を食していたことは、少なくとも500年前には明らかになっている。新世界にやってきたスペインの征服者「コンキスタドール」たちは当時、初めて目の当たりにする色とりどりの大きな花を一様に「バラ」と呼んでいた。しかし、アステカの人々はすでに、花を用途に応じて区別するための厖大な語彙をもっていた。アステカの言葉で食用花は「キリートル」という。

アステカ人は花が好きだった――というのは控えめな表現だ。正確に言えば、彼らは花をこよなく愛していた。ドミニコ会の修道士、ディエゴ・ドゥラン（1537～1588年）はこう書いている。

彼らは花の香りをかいでいれば最高に幸せなのだ。ここの原住民のほとんどは、感覚のすぐれた、快楽を好む人たちなのだから。小さな花一輪、あるいはさまざまな花を集めた花束の香りを嗅いで一日を過ごし、それをよいこと、よろこばしいことだと思う。贈り物には必ず花が添えられ、旅の退屈は花でまぎらわす。花の香りで心が安らぐ彼らは、それらを嗅いでさえいれば、空腹も感じず、生きていける。

アステカ人は花の香りで空腹を抑えただけでなく、実際に花を食べてもいた。アメリカの南北両大陸で、先住民たちはさまざまなカボチャやズッキーニの花が生で、あるいはほかの材料を詰めて揚げたりして食べられることを発見した。中央アメリカでは、ユッカの樹の花や、セントリーとも呼ばれるアオノリュウゼツラン（学名 *Agave americana*）の花も食べられた。

南米ではペルーのインカ人が、2種類のナスタチウムを薬用と生食用に栽培していた。この花がのちにコンキスタドールによってヨーロッパに運ばれ、今日見られるナスタチウムのもととなる。ハイビスカス属は熱帯の花と思われることが多いが、アンデス山脈にも何種か存在する。先住民は、ハイビスカス属の花びらにはちょっと酸味があるものの、生で食べることができると発見した。もっとよいのは、花びらをマテ茶に加えることだ。これは南米伝統のカフェインの豊富な飲み物で、アルゼンチンで特に好まれている。

カカオを使った飲み物は中南米全域で神聖なものとされ、香りづけによくさまざまな花が使われた。たとえばマリーゴールドやモクレン属のマグノリア（*Magnolia mexicana*）はマヤ人に特に愛されていた。北米では、先住民がガマやムラサキツメクサを料理する方法を発見した。ビーバームと呼ばれるモナルダもよく茶の原料に使われ、薬として飲まれた。

かなり昔から、地球上の人間が住むあらゆる大陸で、花は食材としての価値を見出されていた。その後数世紀をかけて、科学やテクノロジー、農法が発達したことで、花を食べるための新たな方法が開発された。そして食用花は、世界中の料理に取り入れられていく。

第2章◉中世から19世紀

ヨーロッパと中東の食用花の歴史は広範囲にわたり、しかも多様だ。西暦476年、ゲルマン人がローマ帝国最後の皇帝ロムルス・アウグストゥルスを退位に追い込み、帝国は滅亡した。だが、コンスタンティノープルを首都とするビザンチン帝国が、東ローマ帝国としてその後も東方で栄えた。幸運にも、広大なビザンチン帝国に蓄積された知識の多くは生き残り、植物や花に関する貴重な情報も含めて数世紀ものあいだ修道院で保存された。

中世の時代、ヨーロッパではどこの修道院にも薬草園があった。修道士たちが大切に育てた薬草を使って多くの医薬品が作られた。人気ミステリーシリーズに敬意を表したロビン・ホワイトマン著の『修道士カドフェルの薬草園――中世の植物と使い方のイラストつきガイド *Brother Cadfael's Herb Garden: An Illustrated Companion to Medieval Plants and their Uses*』（1997年）には160種の薬草が載っており、そのうちの24種は薬として使える花だ。こうした薬草園ではサクラソウやカレン

上部ライン地方の画家による『天上の小園』。1410 ～ 1420年頃。木の板に描かれたテンペラ画。中世の社会で富と権力に恵まれた人々は庭で食用花を育て、保存した。食用でもあるが、第一の目的は薬として使うことだった。

デュラなど、古くからその効果を知られる花も育てられた。

カレンデュラはよくスープに加えられたため、修道士たちはこの花を「鍋《ポット》のマリーゴールド」と呼んだ。カモミールは昔から薬草としてエジプトやギリシア、ローマで知られており、中世にはさまざまな病《やまい》に効く治療薬として人気を高めた。また、ぜんそくや仙痛《せんつう》（コリック）、発熱、炎症、神経の病、皮膚病やがん、ペストなどの疫病にも効くといわれていた。

中世にはヨーロッパ全体で商業が発達し、商人の中産階級が登場しはじめる。この時期、修道士が発見して大事に育てた小さな花、ホップ（学名 *Humulus lupulus*）が重要な役割を果たした。修道士が見つけたこの花は、今でも私たちをよろこばせてくれる。野生のホップ自体は修道士が栽培するずっと前から利用されていた。ローマの兵士はホップを食べていたし、12世紀の女子修道院長ヒルデガルト・フォン・ビンゲンは、ホップ油の薬効について書いている。

エヴァン・D・G・フレイザーとアンドリュー・リマスの共著『食糧の帝国 *Empires of Food*』（２０１０年）［太田出版／藤井美佐子訳／２０１３年］によると、修道士たちがビールの醱酵過程でホップを加えると抗菌性の成分ができることを発見したことで、ビールを長持ちさせられるようになった。適切に保存すれば何か月も味を保っておけるので、長い距離を運んで売買できることにも気がついた。やがて、各地の修道院はたちまち醸造所として利益を上げるようになったのである。

イングランドの征服王ウィリアムが１０８６年から作らせた土地台帳「ドゥームズデイ・ブック」には、ロンドンのセントポール大聖堂で毎年ほとんど8万ガロン（約３００トン）ものビールが醸造されたと記録されている。修道士たちのビールの取引が活発になるにつれて、ほかの食品の売買にも需要が広がっていった。こうしてヨーロッパ中に、中心部に市場をもつ「マーケットタウン」が栄えるようになった。

ほかにも、世界の貿易と文化の交流に影響した花としてクローブがある。この花は、フトモモ科の樹の香り高い花のつぼみで、インドネシアのモルッカ諸島が原産だ。東インド諸島から始まりインドを経てペルシア湾あるいは紅海にいたるルートを通ってローマ帝国に届けられた。ただし当時は、乾燥させたつぼみを香水や抹香《まっこう》として使うのが一般的だった。

「クローブの育つ5つの島と、その木」。アントニオ・ピガフェッタ『マゼラン最初の世界一周航海——ピガフェッタ「最初の世界周航」トランシルヴァーノ「モルッカ諸島遠征調書」』中の図版［邦訳は岩波書店／2011年］。

中世になるとクローブはヨーロッパ、中東、アジアで、スパイスのブレンドにも使われるようになる。9世紀、スイスのザンクト・ガレン修道院では、肉を食べない「断食日」にクローブで味つけした魚を食べていたし、10世紀のアラブの旅人が書いているところによると、マインツ（現在のドイツ）の豊かな中産階級ではクローブを料理の調味料として使っていたという。十字軍に参加したフランク族の騎士は食物にクローブを混ぜていた。当時は砕いたクローブを3グラム入れた甘いミルクを飲むと男性の精力が回復すると信じられていたが、彼らの目的がそれだったのかは定かでない。

中東からアジアにかけて、クローブはいろいろな「五香粉《ごこうふん》」の材料のひとつになっている。クローブが主原料のスパイス「プードレ・フィヌ」は、訳すと「最上の粉」である。クローブはまた、盗賊が体に塗って黒死病の感染をまぬがれたという薬「四人の泥棒の酢」の大事な材料でもあった。

修道士たちは薬用の花を、病気の治療だけでなく、予防にも用いた。そのため、修道院の食事にはさまざまな花を入れることが一般的になる。どの花がどの病気に対して効果があるかは「特徴説」にしたがって決められた。これは、植物がその外見的な特徴に似た症状に効くという考え方だ。たとえばキバナノクリンザクラは茎が細長く、先端の小さな花が震えるように動くため、患者の頭や四肢が同じように動く「けいれん」に効くと考えられた。

修道士によって医薬目的で育てられる花や薬草は、修道院の壁を越えて人気を集めていった。やがて、貴族や富裕な商人たちは自宅の庭でも育てるようになった。１３９３年に書かれた『パリの主婦読本『*The Goodman of Paris*』は、裕福な中産階級の主人が40歳年下の若い妻のために、主婦としての家庭を切り盛りする方法を書いた本だ。庭の手入れや料理に関する実際的なアドバイス、植物や花を料理用に育てることも書かれていた。これは、修道院の伝統が人里離れた薬草園を飛び出し、富裕層のもとに広がったことを示している。

こうした新興商人階級は、薬としての植物の価値を認めるとともに五感に訴える特徴も珍重し、その色や芳香《ほうこう》、形、風味を愛《め》でた。花が美しい姿をもち、大事な食材でもあることが認められるにつれて、花への認識は一新された。バラやオレンジ、ジャスミンの花を蒸溜したフラワーウォーターが料理の香りづけに使われ、サフランは、その高価な花を手に入れる財力のある人々の食卓に金色の輝きを添えた。実際、サフランには金と同じぐらいの価値があった。『ルネサンス期の正しい食卓 *Eating Right in the Renaissance*』（２００２年）のなかで、ケン・アルバーラは書いている。

> 美術史と料理史には、特に金色の使い方に驚くほどの共通点がある。絵画で背景に金箔を貼ることと、料理に金色を添えることが、ちょうど同じ頃、16世紀の初めに廃《すた》れてしまったのは、偶然ではないのかもしれない。

蒸溜による精製法を完成させたのはアラブ人――正しくは10世紀のアラブ人医師イブン・スィーナーが発見したと広く信じられている。この方法により、花のエッセンスを「水」の中に閉じ込め、

サフランを摘む農民。14世紀に書かれた中世の健康指南書『健康全書 *Tacuinum sanitatis*』より。

花の蒸溜装置

たとえばローズウォーターやオレンジフラワーウォーターなどが造られるようになった。ローズウォーターは、ペルシアや中東をはじめとした多くの国で好まれ、料理に使われている。ペルシア人はローズウォーターが発明される以前から、香りと味を楽しむためにバラを料理に用いていた。十字軍兵士がヨーロッパに帰還するときには、バラとローズウォーターも持ち込まれた。

イギリスで人気のデザート、ブラマンジェは、イギリスでもフランスでも、よくローズウォーターで香りづけされたが、もともとはアラブ人が作り、中世の時代にヨーロッパに広まったものだ。フランス人は13世紀に独自のレシピを考案した。14世紀のチョーサーの『カンタベリー物語』にも、これを作る料理人の逸話が出てくる。

中東では、13世紀にアル・バグダーディが書いたと言われる『バグダッドの料理書 *Kitab al-Tabikh*（キタブ・アル＝タビク）』が1939年にA・J・アーベリーによって英語に翻訳された。レシピのなかには9世紀までさかのぼるものもある。肉やシチューのレシピが多いが、多くの料理では最後の仕上げとして鍋にローズウォーターを加えている。ほかにも、サフランで色づけするレシピもある。

コーランでは、神の創ったものはすべてよいものであり、善良なるイスラム教徒はそれらを楽しむべきだとされている。この教えに従い、中世のアラビアの料理人たちは、美しく、刺激的で、おいしい料理を作ろうと努めた。食事はあらゆる楽しみのなかでも最上位のものとされ、蓄財や飲酒、セックスよりも上だったという。その頃用いられた、視覚と嗅覚と味覚を刺激するスパイスは「アトラフ・アル＝ティブ」と呼ばれるもので、材料はラベンダーやクローブ、バラのつぼみなどだった。

中東や南アジアの物語や民話を集めた9～10世紀の作品『千夜一夜物語』には、食用花を入れた甘い料理が少なくともふたつ登場する。まず、鉄板で焼くイースト入りの小さな菓子「カダイフ」。もちもちした食感があり、中にナッツを詰めて、ローズウォーターで香りづけしたシロップに漬ける。この菓子がのちに、細麵のようなペストリーをローズウォーター・シロップに漬ける菓子へと進化した。また、「ゼルデ」は米をサフランで色づけし、ローズウォーターやオレンジフラワーウォーター、ローズゼラニウムなどで香りづけしたライス・プディングだ。

オスマン帝国は1453年から1922年まで、地中海沿岸を中心に広大な地域を支配したが、その宮廷では、甘味、塩味を問わず、ローズウォーターやバラで風味をつけた料理が人気を博した。トプカプ宮殿の支出記録をていねいに調べていくと、宮廷の製菓担当者が作っていた、花を材料としたシャーベットの数々が確認できる。なかにはスミレ、「ギュル・マー・ギュルシェケル」（バラとバラの香りをつけた砂糖）、バラとレモン、紅バラ、スイレン、スイセンなどを使ったものがある。

ルネサンス期に人文主義の哲学が広まると、中世の時代にはともすると大食や貪欲につながる「誘惑」の象徴と見なされていた食物が、一転して「よろこび」の象徴と考えられるようになった。その結果、ヨーロッパでも中東でも、花はシェフのレパートリーのなかにたびたび取り入れられた。デイヴ・デウィットは著書『ルネサンス料理の饗宴――ダ・ヴィンチの厨房から』〔原書房／富岡由美・須川綾子訳／２００９年」によれば、レオナルド・ダ・ヴィンチも自らの図書室に料理書――15世紀半ばに書かれたバルトロメオ・プラティナの著書『正しい食卓がもたらす歓びと健康 *On Right Pleasure and Good Health*』を置いていたという。この本に掲載された数百ものレシピでは、ローズウォーターやサフラン、クローブ、エルダーベリーの花やフェンネルの花といった多くの花が材料としてあげられている。「フランス風リンゴのタルト」はアメリカのアップルパイの先祖のようなものであり、風味づけにはローズウォーターが使われた。

15世紀のイングランドでは、ハーブと花、ルリジサやデイジー、サクラソウ、スミレを入れたミックスサラダが日常的に食べられ、デザートにはローズウォーターやエルダーフラワーの酢を使ったケーキが出されることもあった。セージの花や牡丹《ぼたん》、ラベンダーの砂糖漬けもよく作られた。こうした砂糖漬けは、料理というよりは「気つけ薬」として使われていたという。貧しい人たちも、彼らが手に入れられる安価な花を食べていた。そんな安い食用花としては、モナルダ、ルリジサ、菊、カンゾウ、ナスタチウム、キンセンカ、バラやスミレなどが挙げられる。

ヨーロッパの列強が新たな通商ルート――特にスパイスを扱うためのルート――をめぐって競い合うようになった15世紀には、交易商人たちが旅の途中で新たな動植物を発見し、ヨーロッパに持ち帰るようになった。アメリカ大陸の植民地化や、アジアやアフリカとの交易拠点の設立を経て、食用花を含む植物栽培が世界中に広がっていった。ヨーロッパで新世界の植物の栽培を始めたのはスペインだが、イングランドやフランス、オランダ共和国、ポルトガルもすぐあとに続いた。

ジョン・ジェラードは、エリザベス1世の重臣ウィリアム・セシルの庭園の管理をしていた植物の専門家だ。庭園には新世界の植物が植えられていた。彼がこれらの植物について書いた本は、のちに『本草書《ほんぞうしょ》 *Herball*』として知られることになる（ただし内容の大部分は、1554年にフランドルのレンベルト・ドドエンスが出した作品を英語に訳したものだったが）。

ジェラードの本が出版された1597年、すでにイングランドでは花が大切な食材として扱われていた。しかしジェラードは中世の修道士と同じく、薬としての効能に重きをおいており、強い香りのする花は扱いに注意が必要だと警告している。特に、それを扱うのが（彼の言葉によれば）「無学な医者や、得体の知れないそこつな薬屋、それに愚かな女たちなど」だった場合はなおさらだった。

ニコラス・カルペパーの、薬草大全とも呼ばれる『カルペパー ハーブ事典』［パンローリング／戸坂藤子訳／2015年］は1653年にイングランドで出版され、ジェラードの本と同様、薬学と薬草の知識を網羅している。カルペパーは薬剤師であると同時に植物学者、薬草医、医者、占星術師でもあった。この最後の肩書きのために、彼の本は科学的な信頼性に欠けると見なされ、その価値をおとしめる人も少なくないが、カルペパーが植物の薬効を熱心に研究していたことに変わりはない。「白の大天使」とも呼ばれる白いオドリコソウに関して彼は、「白い大天使の花は砂糖漬けなどにして保存するとよい。女性のおりものを抑える効果がある。赤い花は女性の月経過多を止める」と書いた。また、「これを摂ると気持ちが楽しくなり、憂鬱な気を払い、精神を高揚させる」とも

ジョン・ジェラード『本草書 Herball』(1597年)

書いている。

1747年、ハナー・グラスがかなり強気なタイトルの著書『やさしい料理の技術――これまで出版されたどんな類書よりもすぐれた本 *The Art of Cookery, made Plain and Easy, Which far exceeds any Thing of the Kind ever yet Published*』を出版。これは、ジョージ王朝時代のイギリスでベストセラーとなった。じつはこの本にはオリジナルのレシピはほとんどなく、ほかの料理書からレシピを選んで自分なりにまとめたものだが、対象とする読者がほかの本とは異なっていた。ほかの料理書のように、お屋敷に住む奥様に向けたものではなく、彼女の表現によれば「下の人たち」、つまり「使用人」のためのものだった。そして、多くのレシピに食用花が使われていた。たとえば「ポピーのコーディアル水」は、ブランデー2ガロン（約9リットル）、そして「1ペック（2ガロン相当）のポピー」が材料だ。

ヨーロッパの「暗黒時代」と呼ばれる中世初期の頃、唐（618～907年）は商業の黄金時代を迎えていた。女性は顔色をよくするために美容効果のある花を食べるようになり、食用花の人気はこれ以上ないほど高まった。中国史上唯一の女帝、武則天《ぶそくてん》（在位690～705年）は、百花糕《ひやつかこう》（百の花のケーキ）を作らせていた。また彼女は、「松の花」を入れた焼き菓子も好んで食べたという。

現存する中国語の料理書でも最古の部類に入るのが、忽思慧《こつしけい》による『薬膳の原典　飲膳正要《いんぜんせいよう》』［八坂書房／金世琳訳／1993年］である。この本は1330年に書かれたといわれている。忽思慧

唐の時代の晩餐会。当時、中国では食用花が大人気だった。

は元の第4代皇帝アユルバルワダに仕えた料理責任者で、彼の本には、元の宮廷で食べられていた中央アジアの料理が中国全土に影響を与えたと記されている。この本のレシピは、広大なモンゴル帝国の食物を応用したものだ。

16世紀以降、インドではイスラム王朝のムガル帝国が栄えていた。その後この帝国は縮小されたものの、1858年にイギリス東インド会社に滅ぼされるまで存続した。ムガル帝国はインド亜大陸に豊かな芸術、文化、政治システムを持ち込み、豪華な生活や、食物も含めたあらゆるよろこびを追求したことで知られる。この時代、イランと中央アジアの料理が土着のインド料理と組み合わされ、刺激的な新しい味覚と、それまでにない料理の楽しみが創り出された。そして食用花は、

宴会の細密画。16世紀のバーブルの『回想録』より。インド、ムガル帝国が豪華さと贅沢を誇った時代、食用花は数多くの料理を彩った。たとえばグラブ・ジャムンは、バラ風味のシロップで作られたデザート。

そうした動きに大いに貢献していた。

この時代を代表するふたつのデザートは、ペルシア料理にルーツがある。まず「ルクマット・アル＝カディィ」。これはアラビアのデザートで、ローズウォーターのシロップ（ときにサフランのシロップ）をハチミツと一緒に使う。その変形といわれるのが、インドで大人気のデザート「グラブ・ジャムン」であり、こちらはバラの香りの砂糖水にミルク入り団子を浸したもの。そのまま食べたり、アイスクリームを添えたりして、インドの祝い事や祭りでよく供される。

第3章 ◉ ヴィクトリア朝時代から今日まで

ヴィクトリア女王が大英帝国を統治した時代（1837〜1901年）、とりわけイギリスにおいては、花は日常の生活に彩《いろど》りを添えるための大切な小道具であり、花柄の布地や陶磁器の食器、食卓に置くための森を模した花飾りまで、あらゆるものに花のモチーフが使われた。ヴィクトリア朝の人々は複雑な「花言葉」を創りあげ、真にロマンチックな気持ちを表すものとして花で飾ったペストリーやサラダをよろこんだ。傷みやすい花を保存しておけるうえ、口当たりがよくなり甘さも加わるという理由から、砂糖漬けの花は特に人気を集めた。

『香りのキッチン──花の料理 *The Scented Kitchen: Cooking with Flowers*』（2007年）の著者フランシズ・ビッセルは、ヴィクトリア朝の料理本のレシピが花を材料にしていたという証拠は驚くほど少ない、と指摘する。ビッセルの言う料理本とは、アクトン嬢の『個人宅の現代料理 *Modern Cookery for Private Families*』（1845年）や、ビートン夫人の『家政の書 *Household Management*』

花の砂糖漬けや、花をモチーフにした絵はがきは、ヴィクトリア朝の人々にとっていかに花が大切だったかを示す。

（１８６１年）、マーシャル夫人の『料理の本 *Book of Cookery*』（１８８８年）などだ。とはいえ、数々のアイスクリームのレシピで「アイスの女王」の異名をとったマーシャル夫人は、実際にローズウォーターのアイスやジャスミン・アイス、オレンジウォーターのアイスクリームのレシピを『魅惑のアイスクリーム *Fancy: The Book of Ices*』（１８８５年）に掲載している。ビッセルはまた、各地の古い記録から家庭用のレシピ本を研究したうえで、サフランやクローブ以外の花を材料とした料理はあまり見つからなかったと述べている。

ヴィクトリア朝といえば、一般に道徳的で窮屈な時代と思われがちだが、実際はロマンと冒険心にあふれ、民主主義や女性の権利、労働者の権利が受け入れられた時代でもある。そのため、この時代のモダンな女性たちは、家事をひとりでこなす女性、使用人に手の込んだ料理を作らせることをやめた女性たちのためにさまざまな料理本を書いている。

一方、この時代にあり余る召使いを抱えていた女性のひとりが、中国の西太后《せいたいごう》（１８３５～１９０８年）である。彼女はしばしば宮廷で大規模な宴会を催し、ハスの花びらの揚げ物を好んで食べたと伝えられている。ベトナムの阮朝《グエン》（１８０２～１９４５年）では、嗣徳帝《しとくてい》はよく大勢の召使いのうちの誰かに、ひと握りのお茶の葉を宮廷の庭園の池に咲くハスの花の中に入れるよう命じた。朝になってからそれを回収すると、このうえなく優雅な花茶になったという。

産業革命が進むにつれ、ヨーロッパやアメリカでは美しさを至上とするヴィクトリア朝の考え方が廃《すた》れていった。やがて、人々の生活のほとんどすべての面が大きな変化を遂げる。調理法も例外でなく、花の料理はほぼ姿を消してしまった。食材の輸送や農業に関する技術が進歩したことで、増加を続ける都市部の人々――新鮮な食物を育てられる庭をもたない人々――が簡単に食料を手に入れられるようになった。

バニラは輸入が簡単なうえに安く手に入るので、ローズウォーターに代わってもっとも料理に使われる花となった。技術の進歩によって、缶詰めや瓶詰めの食品、冷凍食品などが誕生した。食材が長持ちするようになり、農産物が季節に制限されることがなくなった。だが、こうした食品産業の進歩は、野菜の生産と保存にはありがたかったが、デリケートな食用花を扱ううえでは役に立たなかった。花は長い輸送や検査には耐えられず、またラベルを貼るのにも適さなかったからだ。結果的に、食用花が料理に使われる頻度は激減した。

アメリカで1938年に制定された「連邦食品・医薬品・化粧品法」は、根拠なく治療効果をうたうことを禁じ、商品はすべて新たな安全基準を満たすことが要求された。この法律のために販売できなくなった怪しげな「万能薬」には、食用花が使われていることも多かった。消費者たちは自家製の治療薬よりも人工的な医薬品を信頼するようになったが、当時のそんな薬のなかには、ハーブ系サプリメントやホメオパシー薬のように、名前を変えて現在も残っているものもある。

今日でも入手できるバッチフラワーは、1930年代にイギリスのホメオパスのエドワード・バッチが開発したものだ。これは、花の「エッセンス」が精神と結びつくため、花びらには癒やしの力がある、という説に基づいている。また、同じく現在でも流通しているリディア・ピンカムの「女

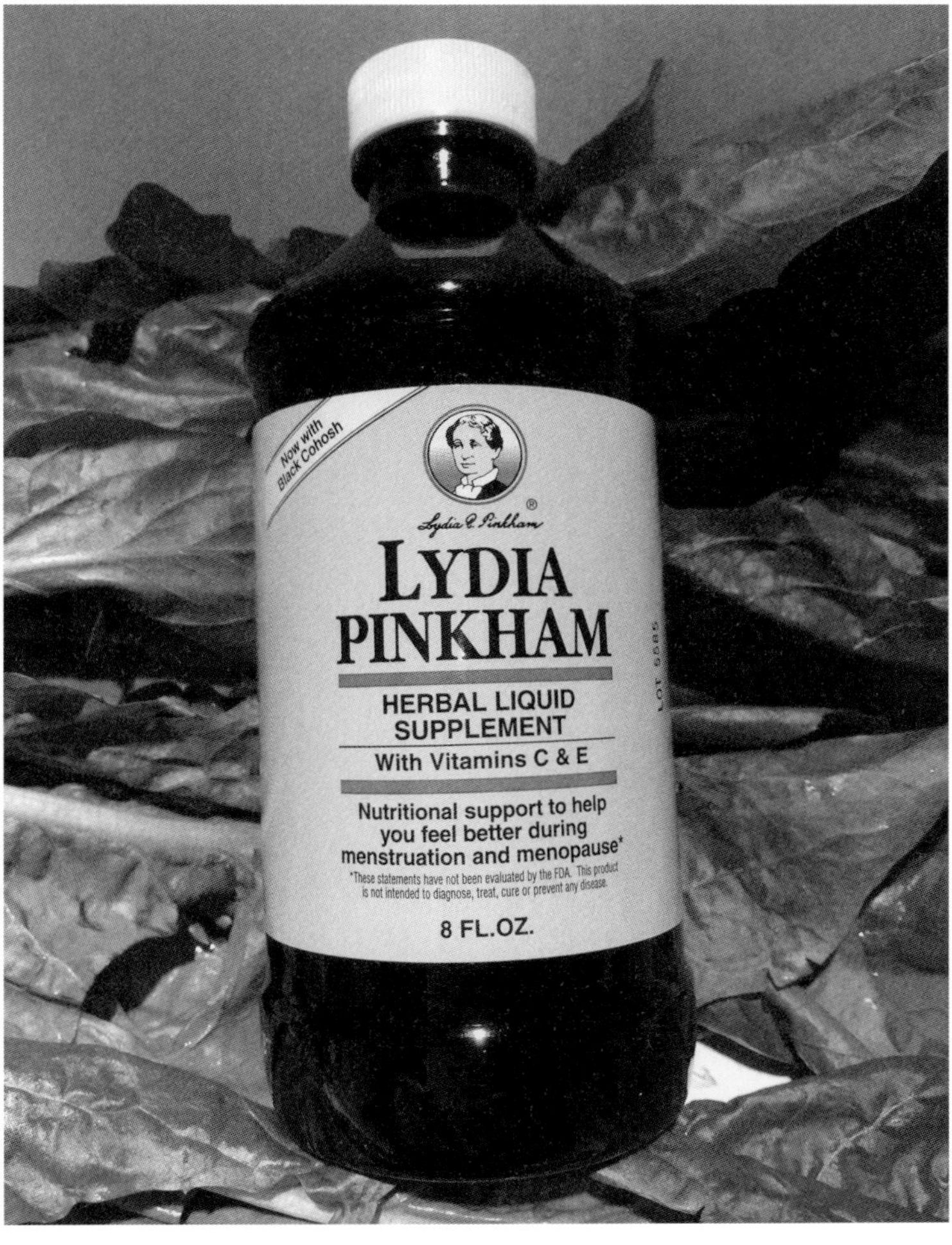

リディア・ピンカムのハーブの液体サプリメントにはタンポポが含まれ、今日でも販売されている。

性の悩みのための植物薬」の原料にはタンポポが含まれる。オリジナルの商品は１９００年代後半に売り出された。「リリー・ザ・ピンク」とあだ名をつけられたピンカム女史は、酒席の歌で「抜け目ないやり手」とからかわれたものだが、現代のフェミニストたちからは、それまでタブーだった女性の生理の知識や性教育の重要性を広めたとして尊敬されている。

アメリカをはじめとする先進国では、製薬業の発達により医薬品の認識が変わった。消費者たちは、古くからの言い習わしや民間療法を信じなくなった。薬の効果と安全性を判断する際は、ラベルの記載や政府の保証の有無が重視されるようになった。そうした風潮は、食用花の暗黒時代ともいえる時代へとつながっていく。ただしいくつかの国では、ヨーロッパのロマ［東アジアを除くほぼ世界中に分布・生活する、北インドのロマニ系に由来する少数民族。ジプシーと呼ばれてきた］や土着の先住民、そして伝統的なヒーラーといった人々が、薬効のある花の知識を子孫たちに伝えている。

◉戦時中

第一次大戦と第二次世界大戦中、そしてそのあいだの不況の時期には食料の値段が高騰し、高級な食品はほとんど姿を消してしまう。食用花も同じ運命をたどった（例外は、花でありながら野菜として食べられているカリフラワーとブロッコリーのみ）。それでもこの時期に花料理を擁護した、特筆すべき人もいる。１９２５年に出版された『やさしい料理法 *The Gentle Art of Cookery*』の著者

Ｃ・Ｆ・レイエル夫人は、７５０のレシピのなかに「花のレシピ」という章をもうけ、菊のサラダからバラのアイスクリームにいたるまでのさまざまな花のレシピを書いている。ハーブやスパイスの使い方をよく知るレイエル夫人は、前書きのなかで戦争と不況の時代についてこう語っている。「よい料理は、行き過ぎた浪費でさえなければ、生活の豊かさのひとつとして手に入るもの。そのことを理解している人たちのために本書を書いた」。レイエル夫人は１９２６年には『ハーブの魔法 *The Magic of Herbs*』を書き、その1年後にロンドンに「カルペパー・ハウス」を開店、ハーブの薬や化粧品、食品を販売した。

この時期、銃後《じゅうご》を守る市民のあいだで「勝利の庭」（「戦時農園」とも呼ばれる）が作られるようになった。これは戦時中の食料輸送の負担をなるべく減らそうとする試みであり、農園を作る市民には戦争に貢献しているという意識も生まれた。市民は野菜や果物を自分で育てることが推奨され、工場で大量生産される食料品は外地で戦う兵士たちに優先的に届けられた。第一次世界大戦中に作られた庭の図面を見ると、カレンデュラやキンセンカが食用花として植えられていたことがわかる。自家菜園はふたたび人気を集めたが、その目的は昔とは異なっていた。大切なのは、自分で自分の食料を育てること。そうすれば、どのように育てるか、どれだけの費用をかけるかを自分で管理できる。

食用花を食べることがいつもすばらしい経験とは限らない。１９４４年から翌年の冬、第二次世界大戦の終盤にオランダは大飢饉にみまわれ、人々はチューリップの球根を食べるところまで追い込まれた。一定の年齢以上の人なら、この飢饉のことも、食べたチューリップの球根の味も忘れてはいないだろう。アントワネット・ファン・ヘーフテンは『チューリップを食べた人々 *The Tulip Eaters*』（２０１３年）のなかで、１９４４年頃のオランダの主婦の話を紹介する。

牛乳もなく、パンもなく、ジャガイモすらも皮の腐ったもの以外はありませんでした。男の子たちは凍ったチューリップの球根を掘り出すために、畑の奥のほうまで探しにいくようになりました。球根の中身をすりつぶして薄いスープを作ったり、粥にしたりして食べました。苦くて、どうにもまずかったけれど、無理やり喉に流し込んだんです、そうしなければ飢え死にしてしまうから。

戦争による貧しさが広がっていた20世紀前半でも、まれに花を料理に使って贅沢と美を誇示した例がある。第二次大戦でドイツに占領されていたパリが解放されたとき、作家ガートルード・スタインのパートナーであるアリス・B・トクラスは、彼女の代表作となる料理本を出版した。その本に載っている「7月14日［フランス革命記念日］サラダ」は、ケイパーとナスタチウムを使ったものだ。また「解放フルーツケーキ」の材料にはクローブが含まれ、バラとオレンジのフラワーウォーターも使われる。トクラスとスタインはこうした料理をアメリカ人の将校たちにふるまった。

イギリスで富裕層や有名人を顧客とするイギリスのフローラルデザイナー［さまざまな場に合わ

アリス・B・トクラス（左）とガートルード・スタインは食用花で客をもてなした。

せて花をアレンジするデザイナー」、コンスタンス・スプライは、第二次世界大戦中に料理本の執筆を始めた。著書『料理人よ、庭に出よう *Come into The Garden, Cook*』のなかでスプライは、以前は豪華なアレンジメントのために使っていた貴重なバラを、素朴な料理に使う方法をいくつも示している。

ほかの国でも、困難を抱えた人々が食用花に頼ることはめずらしくなかった。たとえばインドネシアやフィリピン、マレーシアで見られる、コークウッドまたはカタリーとも呼ばれるズボイシアの花だ。花弁は明るい赤紫あるいは白で、生でも食べられる。おそらく飢饉のときには最後の手段として食されたものだろう。味は苦くて渋いが、今でも生で食べることは多い。炒めたり、スープや粥のような料理に使うこともある。ベトナムでは、メコン・デルタで毎年起こる洪水のおよそ1か月後にディエンディエンの黄色い花が咲く。この花は、食糧不足になりがちな洪水の時期の貴重な食べ物だ。リンという小さい川魚に添えたり、ライギョを使った酸味のあるスープに入れたりして食べる。

◉現代

「勝利の庭」は、1945年の終戦とともに軍が帰還すると、ほぼ勢いをなくしてしまう。これには、戦時農園が辛い時期を思い出させるという理由もあっただろう。1950年代になると多くの女性が家の外に出て働くようになる。同時に主婦としての仕事は、最新式のキッチン用品、冷凍食品や加工食品といった便利な食事、ファストフード店の出現などのおかげで楽になってくる。そうした風潮のなかで家庭菜園ブームは下火となり、花を食べる人も少なくなっていった。

しかし1960年代になると、こうした動向に異を唱える人々が出現した。ヒッピー文化と「フラワーチルドレン」が、自然でオーガニックなものにこそ価値があるという「大地へ帰れ」運動に火をつける。レイチェル・カーソンによる『沈黙の春』が1962年に出版されると、殺虫剤その他の化学薬品が環境に多大な被害をもたらすという意識が広がり、オーガニックな庭づくりが再注目されるようになった。そして、食用花にもふたたび関心が集まることになる。アメリカでは、森や野原に出かけて、食べられる花や植物、木の実を探して摘むことが、「ちょっと変わった趣味」として人気を集め、ユエル・ギボンズのように自分の食べるものを自分で採取するという人が注目されるようになった。

また1960年代には、ヨーロッパ——特にフランス——の上品な料理への人気が再燃するという現象もあった。ただしこれには、民主的なひねりも効いている。ジュリア・チャイルドの著書『フランス料理をマスターする *Mastering the Art of French Cooking*』（1961年）や、彼女の出演する楽しい料理番組は、ヨーロッパの料理から上品ぶってお高くとまったイメージをなくし、アメリカと全世界に向けて、誰にでも極上の料理を作れるのだと示した。オート・キュイジーヌのトップシェフたちには引き続き使われていた食用花は、もっとつつましいシェフや庶民にも使われるようになったのだ。

ヨーロッパではこの時期、フランスのシェフたちが「ヌーベル・キュイジーヌ」と呼ぶ、料理と盛りつけの新たな方法を実験しはじめる。これまでよりもあっさりしたデリケートな料理が作られるようになり、見栄えのよさが重視された。ヌーベル・キュイジーヌにおいて、食用花はつけ合わせとしても、食材そのものとしても大切に扱われた。花は、ヌーベル・キュイジーヌが特に大切にしているコンセプトである「新鮮さ」の印象を強めるものだった。

1964年、カリフォルニアのバークレーで名のあるシェフだったアリス・ウォータースは初めてフランスを訪れたとき、地元で取れた新鮮な食材が使われているのを見て感銘を受けた。その

当時のファーストレディ、ミシェル・オバマがアメリカ国民に家庭菜園を呼びかけた。ホワイトハウスの畑にはマリーゴールドやナスタチウムなどの食用花も植えられていた。

ときの彼女の感動が、のちの「ファーム・トゥ・テーブル（農地直送）」運動につながる。その後彼女は、とびきり新鮮な材料を使った料理を客にすすめ、食材には旬のもの――しかもオーガニックな方法で育てられた地元のものだけ――を使うようになる。

『美味しい革命――アリス・ウォータースと〈シェ・パニーズ〉の人びと』［早川書房／萩原治子訳／2013年］を書いたトーマス・マクナミーは、「アリス・ウォータースは、多くのアメリカ人の『食べ方』と、『食べ物についての考え方』をがらりと変えた」という。そのキャリアを通じて、ウォータースは常に花を食事に取り込んだ。実際、彼女の著書『シェ・パニーズのレシピ *The Chez Panisse Menu Cookbook*』では、「忘れられない食事」のひとつに「花のディナー」が取り上げられている。

1996年、アリス・ウォータースは「シェ・パニーズ基金」を創立し、カリフォルニア州バークレー市のマーティン・ルーサー・キング中学校で学校菜園「食べられる校庭」プログラムを開始する。彼女は現在、全国規模で学校給食の立て直しを行なったり、ヘルシーでオーガニックな食品を誰でも食べられるようにする活動を続けている。彼女の、オーガニックで健康的な「食の革命」の影響力を象徴するのが、第44代アメリカ大統領夫人、ミシェル・オバマのホワイトハウスでのオーガニック野菜畑だ。そこではマリーゴールドやナスタチウムといった食用花も栽培された。

「食べられる校庭」プログラムはまた、1980年代からアメリカの学校のカリキュラムに取り入れられるようになった「多文化主義」をも反映している。これは、学校教育でさまざまな異なる生活スタイルや伝統を尊重し、認めようというもの。食物と食用花という視点で見ると、エスニック料理のレシピ本やレストラン、スーパーでのエスニック食のコーナー、エスニック市場の拡大などに「多文化主義」が表れている。

家庭での栽培でも、商業的な栽培でも、食用花を育てるにあたってはオーガニックな農法が不可欠だ。1980年以前には、食用花も含めてオーガニック農法で作られた商品の市場は小さく、アメリカ合衆国全体で、オーガニック食品を売るナチュラルフードのスーパーマーケットは片手で数えられるほどしかなかった。しかし1980年、自然なオーガニック食品を重視した「ホールフーズ・マーケット」がオープンし、アメリカ初のオーガニック認証を受ける。「ホールフーズ・マーケット」の成功を見たほかの業者も、より健康な食品を扱うようになり、世間が加工食品を求めるトレンド――アメリカ合衆国の農業の土台が、地元で採れる新鮮な作物から、トウモロコシから作った高フルクトースのシロップを使うファストフードへと変化していった破壊的な動き――に対抗した。

自然でオーガニックな食品に意識が向かうにつれて、食用花の価値が見直されることになり、今ではほとんどのホールフーズ・マーケットの生ハーブのコーナーには地元の食用花が置かれている。蜂花粉《はちかふん》（ビーポーレン）［ミツバチが集めた花粉が蜜やハチの分泌物で団子状にかたまったもの］も日の目を見て、錠剤や顆粒状の商品として棚に置かれるようになった。甘みのある花粉はグラノーラやシリアル、ヨーグルトに加えたり、サラダにかけたり、スムージーに入れたりする。

多様な文化が受け入れられ、興味を持たれるとともに、世界的に食用花の使用が増え、一部の地域には好景気がもたらされた。民族植物学者によると、中国の雲南省の少数民族には160種以上の食用花を食べる習慣があり、まるで野菜を食べるように花が消費される。彼らは伝統的にバラを食品として用い、特にバラのケーキは朝食やおやつに食べる。長い歴史のある花のケーキも、ほとんどは地元民族だけの名産品だった。近年、雲南省の農家たちは新たなバラの商品、たとえばバラ糖、バラのジャム、バラのど飴、バラ飲料、フレッシュジュースにバラのリキュールなどを開発している。

ほかに、西アフリカ、特にセネガルとマリでは、民間非営利団体や政府機関が、地元の人々の食用種ハイビスカス栽培を援助している。ベトナム在住のアメリカ人ボブ・アレンは妻フエとともにダラット市で「ゴールデン・ガーデン」を経営し、特産野菜や食用花を栽培してベトナム全土のレストランやマーケットに出荷している。

現代のシェフ——ミシュランの星付きの人も含めて——が花を使うようになったことで、食用花には現代的な地位が与えられた。1990年代、3つ星シェフであるミシェル・ブラスとマルク・ヴェイラが料理に食用花を加えると、ミシュランの星付きレストランではそれが当たり前のことになった。食用花を使ったもうひとりのパイオニアがフェラン・アドリアだ。彼はスペイン、ロザス市の自分の三ツ星レストラン「エル・ブジ」で「花の紙とお茶のスープ」や、エルダーフラワーとルリジサの花のソルベを創作している。イギリスの有名シェフでレストラン「ファット・ダック」のオーナー、ヘストン・ブルメンタールは料理のつけ合わせとして、食用花と葉でミニチュアの庭を作りあげた。

◉21世紀

フードライターのアニッサ・ヘロウは2014年7月18日の『ニューズウィーク』誌に寄稿し、「野生のものを食べ、新鮮な地元の食材を採取するトレンドは、花に新しい命を与えた」と書いている。デンマークのコペンハーゲンにある世界的に有名なレストラン「ノーマ」は、花を食べる流行の最前線だ。最近のノーマのメニューには、季節の食用花、たとえば菊やバラなどがあらゆる料理に添えられている。

つけ合わせに使うか、それとも料理のおもな材料として使うかに関係なく、花をはじめとする美しくめずらしい食材を得るための方法として、採取のプロに給料を払っている有名レストランもある。また、多くのシェフが新メニュー開発のコンサルタントを雇い、そのなかで食用花を新たなレベルに引き上げようとしている。

そのひとつが、スウェーデンのへんぴな農場の敷地内にあるレストラン、「フェーヴィケン」だ。シェフのマグヌス・ニルソンはキッチンのドアを開けて見つけたものを調理する。そしてかわいらしい野の花を摘んで、牛の心臓と骨髄を使ったおいしいタルタルステーキをおおうのだ。カリフォルニアでは、ナパ・バレーの三ツ星レストラン「メドウッド」のシェフ、クリストファー・コストウが、レストラン付属の菜園や周辺の土地で花をつけたハーブや季節の花を摘む。ふたりとも、花を見た目の美しさのために使うとともに、大切な食材とみなしてもいる。

先のニューズウィークでのヘロウの記事中、イギリスのシェフでロンドンの「ライルズ」のオーナー、ジェームズ・ロウが、キッチンで花をどのように使うかを説明している。「食用花を使う大事なポイントは、それが真に季節の食べ物の一部だということだと思う」。また、「季節の料理とはつまり、すぐ近くで手に入るものを皿に載せて供することだと考えたいんです」ともいう。専門の採取者を雇うだけでなく、シェフもまた自分で花を採りに行く。そして食用花の栽培者、販売者も拡大している。比較的小規模な、地域の企業もたくさんある。たとえばデラウェア州、ホッケシンの「スプリング・タイム・ハーブス」などでは、地元で採れるさまざまな旬の食用花を、地域の「ホールフーズ・マーケット」などのスーパーに販売している。

きわめて大規模な食用花のビジネスもある。農業を営むリー・ジョーンズは、家族経営の「シェフズ・ガーデン」をオハイオ州ヒューロンで経営している。これはマイクログリーン（成長しきらない若い野菜）と食用花に特化した農場だ。ただし「シェフズ・ガーデン」はよくある農産物直売所とは一味違う。高度に機械化されたハイテクな農場であり、花は夜のうちに収穫、洗浄、梱包されて、高級レストランやディズニーなど、大企業をはじめとする世界の顧客のもとに送られる。ジョーンズは最先端の品質管理の研究室ももち、花が汚染されないように細心の管理をするとともに、花を洗浄する水の品質までモニターしている。2015年にフランスで開催されたボキューズ・ドール・コンクールで、彼はアメリカ人シェフ・チームが創作に使う食用花を航空便で供給し、大成功を収めた。

●分子ガストロノミー

分子ガストロノミーは、食品科学の新しい、きわめて興味深い分野だ。この分野を専門とするシェフは、さながら昔の錬金術師のように、料理の過程で起こる材料の物理的、化学的変化を理解しようとする。分子ガストロノミーには、料理の3つの重要な側面がある。社会性、芸術性、そして技術だ。

食用花は分子ガストロノミーの一部になりつつある。これには花を扱うことがシェフにとって美的また技術的に取り組みがいがあるという理由もある。前述のシェフ、フェラン・アドリアは、綿あめの中にベゴニアやマリーゴールド、ハーブを閉じ込め、それを圧縮して「食べられる紙」を作るテクニックを開発した。この方法の利点は熱を必要としないこと。おかげで花がみずみずしく色鮮やかに見える。

分子ガストロノミーは魅力的ではあるが、単なる一時的な流行なのか、このまま存続するものなのかはまだわからない。だが食用花を含む新たな食材を見つけようという熱意が高まっていることは確かなようだ。この新しい調理法は、料理人や食通たちの、新しい食材、新しい味覚を経験したいという「進化への欲求」を素直に反映する動きなのかもしれない。いずれにせよ、食用花は重要な食材としてさらに使用され、受け入れられていくことだろう。

第4章 ◉ アジア

　世界最古の宗教のひとつであるヒンドゥー教では、食物は神々から与えられたものであり、ていねいに扱わなければならない。食べ物の役割が非常に大きいことから、ヒンドゥー教は「台所の宗教」と呼ばれたりする。宗教的、あるいは国民的な行事は、食物、とりわけプラサーダ（神に捧げられる食物）なしには始まらない。聖典「ヴェーダ」によると、すべての食物は食べる前にまず神への供物《くもつ》として捧げられなければならない。食べ物を神に捧げる行為にこそ宗教的な価値があり、心身と魂を浄化する。ヒンドゥーの礼拝儀式である「プージャー」には、食物と花が欠かせない。

　どの花、あるいはどの食物を捧げるかは、その集団が崇める神によって決まる。たとえば最高神のひとりヴィシュヌの妻である女神ラクシュミーは、供え物としてローズウォーターのシロップを使った甘い「ラスグッラ」という菓子を特に好むといわれる。ヴィシュヌの化身のなかでも人気のあるクリシュナは、ラドゥ・ゴパルというかわいい子供の姿になることもある。ラドゥ・ゴパルはクローブとサフランで作られた甘い丸い菓子「ラドゥ」が大好物だ。

中国では、さまざまな食物や花が幸福や健康、幸運、繁栄を表すとされる。中国の人々は毎日の食事を、徳を増やし、抵抗力をつけ、病気を治すために食べるのである。中国文化の中心にあるのは、あらゆるものは陰と陽のバランスであるという哲学だ。食物に陰陽の考え方がどう関係するのだろう? 多くの食用花も含め、食物のなかには「陰性」、つまり体を冷やす特性があると考えられるものがあり、それら以外の食物は「陽性」、つまり温める性質があるとされる。食事においては、このふたつの食物をバランスよく食べることが重要なのだ。

●菊

菊は英語で「chrysanthemum」であり、もともとはギリシア語のクリソス(金)とアンテモン(花)から来ている。世界には数多くの種類の菊があるが、ほとんどが東アジアを故郷とする。中国の陰陽思想では、菊は「陰」にあたり、食べれば寿命が延びると信じられていた。茎も根も花も、これを食べることで白髪がふたたび黒くなり、体は丈夫に、抜けた歯さえも生えてくるという。

中国で食用の菊の栽培が始まったのは紀元前500年頃。花びらの根元は苦いため、食べる前にちぎり取る。スープに浮かべたり、ほかの料理にふりかけたりして色を添える。中国料理で重要な花は菊だけではない。菊の仲間のシュンギク(*Chrysanthemum coronarium*)もまた、茎と葉の部分

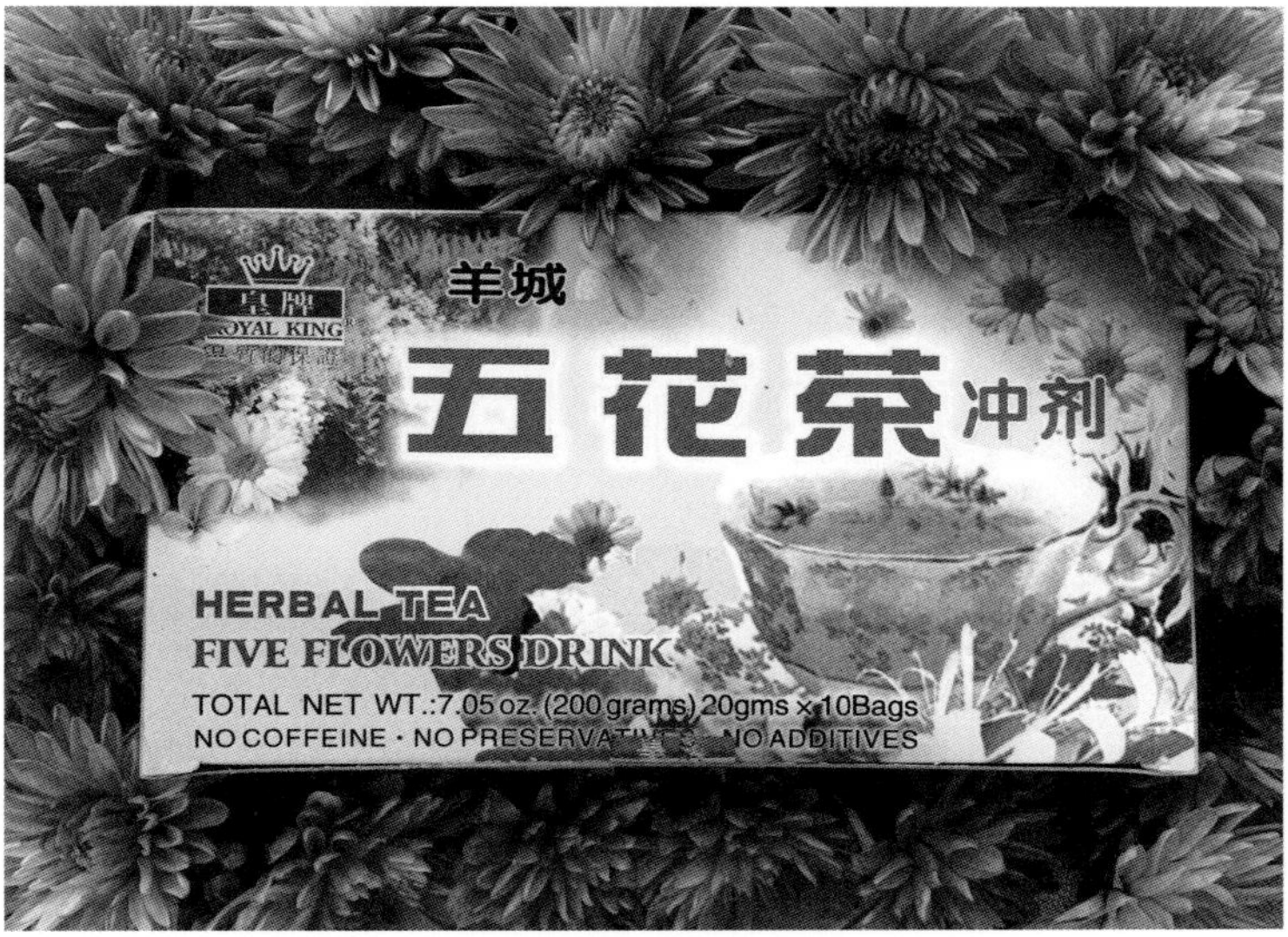

中国の、菊を入れた「五花茶」のパッケージ。

を食べる。乾燥させた菊の花びらはお茶に使われる。また菊には、喉の痛みをやわらげ、熱を冷まし、肝臓を浄化する効能があると信じられている。

菊酒《きくざけ》は昔「縁起酒」と考えられ、重陽《ちょうよう》の節句（旧暦の9月9日）にはこれを、災いを遠ざけて神の加護を祈るために飲むべきとされた。毎年重陽の日には、翌年に飲むための菊酒が造られる。飲めば寿命が延びるといわれるほど、菊酒の薬効は尊ばれてきた。菊酒は漢の武帝の時代（紀元前141〜前87年）、重陽の節句には常に宮廷で飲まれていたという。

アメリカの料理評論家で、数々の料理書を執筆してきたクレイグ・クレイボーンは、『中国料理 *The Chinese Cookbook*』（1972年）に「菊花火鍋」のことを書いている。10世紀、

中国では重陽節に菊酒を飲む伝統がある。作者不明の18世紀中国のスケッチより。

遼《りょう》王朝の時代のモンゴルで初めて作られたと思われるこの鍋料理は、元《げん》の頃に中国に定着し、冬の人気料理となった。北部の寒い地方出身だった西太后は「菊花火鍋」を好み、野菜と肉のスープに菊の花をたっぷり浮かせて楽しんだという。

南部の広東地方では、冬季にヘビと菊の料理が好んで食べられる。この料理専門のレストランでは、ヘビは直前までカゴの中に生きて保存され、スープには小さな白い菊の花が入れられる。広東省中山《ちゅうざん》市は「菊の町」として知られ、毎年菊の展覧会が開かれ、特別な菊の宴を催す。ここでは菊入りの魚団子や菊ケーキ、菊を使った醸造酒、菊団子といった、菊を使った料理が提供される。

日本の菊（*Chrysanthemum morifolium*）は8世紀に大陸から伝わったもので、皇室の紋として純粋と完璧を象徴する。黄色や白、紫の菊は、食用花としても育てられる。ゆでると甘い飲み物になる花もあれば、サラダに使う、少し苦みのある刺激的な味の花もある。小ぶりで花びらが短いタイプは刺身のつまにされることが多く、長い花びらのものはおひたしやゴマあえ、酢の物やてんぷらになる。また、出し汁にジャガイモや葛《くず》の粉を入れたあんかけに菊の花を入れたりもする。

中国の重陽の節句は日本にも伝わり、菊の着綿《きせわた》という宮中行事になった。この行事には、餡《あん》にピンクの色をつけて菊の花を模した可憐な菓子がつきものだ。菓子の上には白餡《しろあん》がトッピングされる。これは、この行事の前夜に菊の上に載せられる綿を表している。綿は一晩そのままにされ、露を吸う。12世紀の人々は、この露を吸った綿で体を清め、長寿を祈ったのである。

これらの行事はふたつとも、菊の不思議な力についての伝説に基づいている。日本人のあいだで有名な「観音経《かんのんきよう》」（法華経《ほけきよう》のなかの「観世音菩薩普門品《かんぜおんぼさつふもんぼん》」）である。菊慈童《きくじどう》の伝説によると、周《しゆう》の穆王《ぼくおう》に仕えた慈童が、あるとき罪を犯して山中に追放されたが、観音経の最後の部分、観音を讃える8句のうちの4句を菊の葉に書いたところ、その葉に降りた露が不老不死の薬となり、飲んだ者は若い外見のままに800歳、900歳、1000歳までも生きるというものだ。

◉デイリリーとユリ科の花

ワスレグサ属には、英語でデイリリー（昼間のユリ）と呼ばれる花がある。これはユリとよく似た形だが、ユリではない。ユリには有毒のものが多いので注意が必要である。中国の古い記録に、ワスレグサ属のカンゾウが食用として書かれている。花を乾燥させたものは「金針《きんしん》」と呼ばれる。金針は伝統的な中国の酸辛湯《スーラータン》や木須肉《ムーシューロウ》に入れる材料だ。また、小麦の衣をつけて揚げて食べることもある。つぼみは少し野菜に近い。やや甘い、しゃきしゃきしたレタスに似た味で、炒め物に使われる。

「羅漢齋《らかんさい》」は中国の——そして仏教の——有名な精進料理だ。菜食主義の仏教の僧侶たちが楽しみに食べていたものが、ベジタリアン料理として世界中で人気となった。野菜と植物性の材料に、ときには魚介類や卵を入れ、醤油味のスープと調味料を加えてやわらかく煮る。さまざまなものが食材になるが、乾燥させた金針も含めて少なくとも10種類の食材を入れることが多い。手の込んだ

乾燥ホンカンゾウ（金針）入りの木須肉（ムーシユーロウ）

ものになると18種から35種もの材料が使われる。中国ではこれを元旦に供するのが伝統だ。新年の最初の5日間は家族で野菜を食べて体を浄化する、という仏教の古い慣わしに基づいている。

アジアでは――特に中国、朝鮮半島、日本では――ユリのつぼみだけでなく球根も食用目的で栽培される。中国では北部と中央部で栽培が盛んだ。ユリの仲間の大半は球根も食べられるが、中国で育てられているのはおもにハカタユリ（*Lilium brownii*）やエゾスカシユリ（*L. dauricum*）、イトハユリ（*L. pumilum*）である。もっとも市場に出まわっているのは、白いトランペット型の美しい花を咲かせるハカタユリだ。長年、中国からは出荷されるのは乾燥させた球根をほぐしたものだけだったが、最近は春から晩夏にかけて旬を迎える新鮮な球根も手に入るようになった。こうした球根は真空密封されて売られており、未開封ならば冷蔵庫で2〜3週間もつ。

日本ではユリ根というと、クリーム色の、ニンニクに似たコオニユリ（*Lilium lancifolium*）が特に珍重される。ユリ根は普通、そのままではなく一片ずつ外して、ほかの材料と一緒に蒸したりゆでたりして食べる。わずかに甘みがあるマイルドな味わいで、舌ざわりはどこかクリーミーだ。

◉ハス

長いあいだ、ハスはアジアの大部分の地域で仏教のシンボルとされていた。ハスが表すのはスピリチュアルな道のり――英知と明晰、そして慈悲を知り、最後に完璧な悟りを得て花咲くまでの道

ハスの花

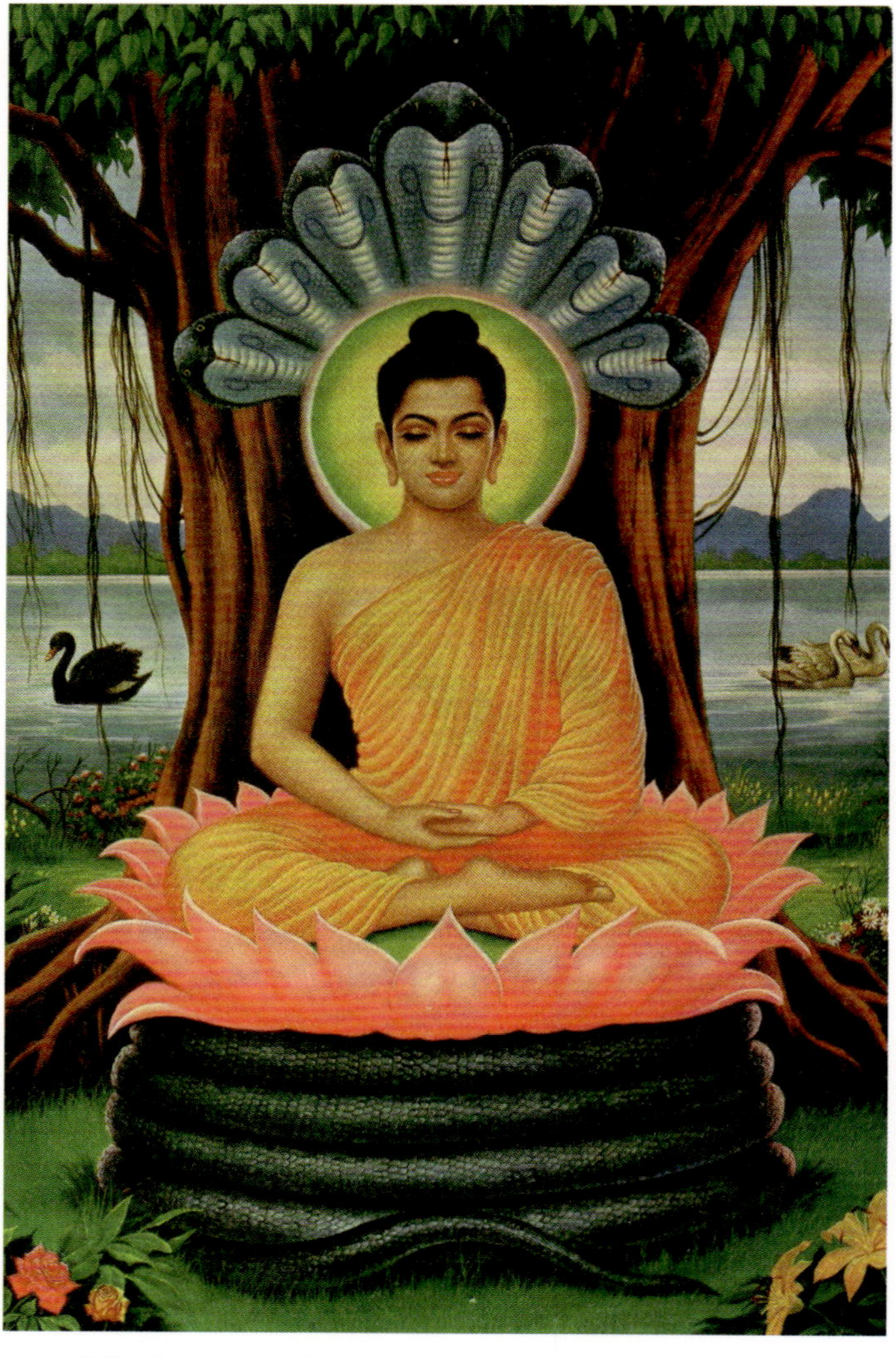

ハスは仏教でもヒンドゥー教でも神聖な意味を持つ。仏陀がハスの上に座した姿。

のり――と考えられていた。この美しい花の根は仏教の理想を連想させるため、新年の祝いで食べられる。ヒンドゥー教ではハスはヴィシュヌ、ブラフマー両神、そして女神ラクシュミーとサラスヴァティーを表す。神の美と純粋さを表現する者として、ヴィシュヌはよく「ハスの目」を持つ者と呼ばれる。創造神のブラフマーは、ヴィシュヌのへそから伸びたハスの花から生まれたといわれ、開いていくハスの花びらは、魂の広がりを示すという。ハスの花は供物として祭壇に飾られるだけでなく、信徒たちの手でさまざまな料理にされる。花は雄しべと萼《がく》を取り除いてから丸ごと衣をつけて揚げ、砂糖をまぶすこともあれば、雄しべを乾燥させてハーブティーにすることもある。

水生植物であるハスは、中国では根から種まで、すべての部分が料理に用いられる。西太后はハスの花のてんぷらを好んだといわれる。ハスの実はゆでることも炒ることもあるが、ごく若い実の場合は生で食べられる場合もある。ハスの根（蓮根）［正しくは根ではなく地下茎《ちかけい》］は宴会にはつきもので、昔からレンコンの穴の部分に肉や煮た果物などを詰めることが多い。宴会でもふだんの食事でも、レンコンの粉をつけて揚げたり、蒸したりする料理も多い。また、ハスの花は伝統的な美しいつけ合わせでもある。

中国の黒竜江省肇州県《こくりゅうこうしょうちょうしゅうけん》の伝統食に「甘い五果《ごか》スープ」がある。材料は竜眼《りゅうがん》とギンナン、ハスの実、大麦、ユリ根。脾臓《ひぞう》を元気にし、健康を増進する効果があるとされる。このスープは中国の春節といわれる旧正月に食べられる。大麦と芡実《けんじつ》（オニバス。スイレンの仲間の種子）、ハスの実と豆類を白砂糖で煮て作る。おいしく滋養のあるスープで、旧正月の15日までに訪れてきた客

ブロッコリーと共に供されるレンコン。穴がユニークなパターンを描いている。

にふるまわれる。杭州《こうしゅう》では、ハスはくず湯に似た名物菓子「西湖藕粉《ジーフォウーフエン》」にされる。新鮮なレンコンで作るものは特に新年に人気で、その年の安泰への祈りを込めて食べられる。

ハスの実の餡《あん》は、伝統的に月餅《げっぺい》の餡にするもので、中秋節《ちゅうしゅうせつ》に食べる。この菓子には中心に満月をイメージした塩漬け卵の黄身をひとつかふたつ入れることもある。中秋節は、中国の神話の月の不死の女神、嫦娥《じょうが》と結びつけられたもの。中国の習慣や儀式について書いた礼記《らいき》によると、中国の皇帝は春には太陽に、秋には月に供物を備えなければならない。中秋節は、太陰月の8番目の月の15番目の日となる。月餅が大いに人気を集めたことから、中秋節そのものが月餅祭と呼ばれている。月餅の木型には無数のデザインがあり、花を模したものもある。新たな味つけも開発されており、近年はバラ風味の月餅などもある。

ハスは中国から日本に伝えられた。奇妙な筒型で、表面には斑点もあるため、外見はきれいとはいえない。しかし皮をむくと（あるいはこすり取ると）白い中身が現れ、輪切りにすると穴が規則的な美しい模様を作っているのがわかる。固くしゃきしゃきしたレンコンは、出し汁で煮たり、薄切りにしてサラダに入れたりして食べる。

●バナナの花

インドの赤道性気候の地域では、年間を通してさまざまな果物や野菜、穀物が育ち、食用花も豊富にある。仏教、そしてジャイナ教が広まるにつれ、大多数の人が菜食主義に転じるようになった。その後のムガル帝国時代には、すでに多様だったインド料理にイギリスとポルトガルの影響も加わった。インドのヨガの伝統によって、すべての食物はサットヴァ（バランス）、ラジャス（活動）、タマス（不活動）のどれかに入るという分類法が確立された。

バナナは野生種も栽培品種も、インドや中国、東南アジアに数えきれないほど存在する。明るいピンク色で皮がけばだったバナナもあれば、緑と白のしま模様で、果肉がオレンジのシャーベットのような種類のバナナもあり、なかには煮るとイチゴそっくりの味になるものまである。中国原産の香り高い「過山香《かざんこう》」種は「隣りの山からもわかる香り」という意味だ。

特に東南アジアでは、バナナの花はさまざまな料理に使われる。バナナの実と同じく、花も男性器のような形をしており、どちらも繁殖のシンボルとされている。実際にバナナには、性ホルモンを分泌するのに必要なカリウムとビタミンBが豊富に含まれる。新鮮でやわらかいバナナの花は、薄切りにして生のままでも提供される。タイでは「ナムプリック」というスパイシーなディップを添えることが多い。インド南部ではバナナの花をきざんで塩をふって蒸し、カラシの種と「ケツルアズキのダール」、カレーリーフと混ぜて、ココナッツをおろしてふりかけるレシピがある。ほかにも、アジアやインドの料理には、バナナの花を薄く切って肉のシチューや炒めもの、スープに入れたり、それに米や麺類を組み合わせたりするものがある。さらに、バナナはサラダにもなる。バナナの赤紫色の大きな葉は、混ぜた材料を載せるのに使われる。

ベトナム、フエの露天市で売られるバナナの花

バナナの花のサラダ

フィリピンでは、「サバンガネイ」と呼ばれるバナナの花が、シニガン（酸味のスープ）の材料として好まれる。バナナの花は、たくさんのタマネギとニンニクを加えてアドボ（煮込み）にし、砕いたコショウと酢で味つけされる。また、ゆでてからサラダにして、KBLと略されるトマトとバゴーン（魚醤）、タマネギの薬味を添えたり、ローストしてからサラダにしたり、ミートボールやオムレツに入れることもある。

インドの「モチャ・チョップ」や「モチャ・グント」は、バナナの花にココナッツとピーナッツを入れた前菜。屋台で人気の軽食だ。「モチャ」とはベンガル語で「バナナの花」を意味する。バナナはベンガル文化圏全体で栽培され食べられているだけでなく、その姿が縁起がよいとされて、宗教行事や結婚式、祭りなどの行事には欠かせない。バナナはすべての部分が食材になる。未熟な実も熟した実も、生で、あるいは調理されて食べられる。花（モチャ）や茎の髄《ずい》（ソール）、緑色のバナナの皮までもが料理に使われる。ベンガルの料理人は、独特の風味をつけるために材料をバナナの葉で包んで調理したり、大きな平たい葉を使い捨ての皿としても使ったりする。

細かくきざんだバナナの花で作る「ラープ」はサラダの一種で、ひき肉をベースにしたもの。ラオスの国民的料理と呼ばれており、おそらく発祥もこの国である（タイ北部でも人気がある）。ラープに使う肉は、生でも調理したものでもよく、ときには肉の代わりにナマズなどの魚が使われることもある。ミントなどのハーブ類がたっぷりと入れられ、ライムジュースや魚醤《ぎょしょう》、きざんだトウガラシで味つけされる。挽いた炒り米も欠かせない。東南アジアには、バナナの花を使ったサラダが数多くある。

●アジアのその他の食用花

これまでに挙げた以外にも、アジアには多くの食用花がある。青いチョウマメ（*Clitoria ternatea*）はシンガポールやマレーシアで見られ、女性の性器に似た形をしている。学名に「クリトリア」が入っているのはそのためだ。チョウマメの濃い青の花からは染料を抽出できる。その染料を使って「ニョニャ・クエ」（米やタピオカなどで作った甘い菓子、結婚式に供される）を鮮やかな青に色づけたものを「プルッ・タイタイ」という。トーチジンジャーの花（*Etlingera elatior*）は、インドネシアやタイなどのアジア地域に見られるものだ。この花は、果物や海老ペーストを入れた伝統的でユニークなサラダ「ロジャック」に加えられる。この花のつぼみは、ラクサというプラナカン料理で人気のスパイシーな麺入りスープに使われる。

インドのウッタル・プラデーシュ州の7つの集落に住む先住民のマヴェシ族とゴンド族は、マフア（*Madhuca longifolia*）の花を主要な食料とする生活をしている。花は天日干しにしてそのまま丸ごと、あるいは米や小麦の粥に混ぜて食べる。シロップにしたり、粒糖蜜と一緒に醗酵させて祝いの席のアルコール飲料にしたりもする。インドではニーム、またの名をインドセンダン（*Azadirachta indica*）の白い花が咲くと、木の下にきれいな布を広げて集める。乾燥させてさまざまな用途に使うのだ。たとえばニームの花の米料理、レンズ豆用のスパイス・ミックス、そしてヴェーパンプー・ラッサム。このヴェーパンプー・ラッサムという料理には、苦い花を入れることで、人生においては甘い面とともに「苦い」面も受け入れなければならない、という意味が込められている。

インドの甘い料理は、サフランやバラの花びら、カルダモン、ナツメグで味つけされることが多い。56パターンにもおよぶ特別な象徴的食事「チャッパン・ボーグ」はクリシュナ神に捧げられるものだ。このなかには、花を使って色や風味をつけた料理がいくつもある。たとえば「ボンディ・ラドー」「ラスグッラ」「ラージ・ボーグ」「サンデッシュ」「グラブ・ジャムン」「ジュレビ」などだ。

「箸の花（白《しろ》胡《ご》蝶《ちょう》）」はベトナムの標高の高い地域に見られる花。群生し、白と紫の花を咲かせる。

「箸」の樹は背が高くて細い。樹皮はごつごつし、実は細長く、ちょうど箸のように見える。同じ時期に旬を迎える川魚のリンとともに、「箸の花」は人気の酸味のスープになる。ベトナムの南部には毎年洪水の季節があり、メコン・デルタでは「ディエンディエン」の花を野や運河近くから摘み、スープやサラダにする。最近は貸しボートでこの花を摘むのが観光客に人気だ。

シャクヤク（*Paeonia lactiflora*）は中国では古くから食用花とされてきた。中国の人々は、落ちた花びらを湯通しして甘みをつけ、お茶とともに楽しんだ。中世には飲用の「シャクヤク水」が作られた。花びらは夏のサラダに入れたり、アルコール入りのソフトドリンクやレモネードのような飲料に浮かせたりしたという。

日本人は何百年も桜の花（サトザクラ／学名 *Prunus serrulata*）への愛を歌や詩、園芸、美術で表現してきた。桜が日本の料理のなかに取り入れられているのも不思議ではない。花と葉は梅酢に漬けられ、葉は平たい姿で真空パックにし、花は瓶詰にして売られる。花は瓶から出してそのままでも食べられるが、塩辛いので水にさらしたほうが食べやすい。花を1輪か2輪、茶碗の湯かお茶に入れると、塩気と酸味のある桜茶になる。

アジアの料理人たちは食用花を調理するためにすばらしい技術を用いているが、数多くの果物や野菜の花を使った「つけ合わせ」においてもすぐれた手腕を発揮する。果物や野菜に彫刻をする技はアジアでゆっくりと発達し、社会の発展に合わせて今でも改良が加えられている。唐（618～906年）や宋（960～1279年）では、つけ合わせとともに食事を楽しむ風習は中流家庭のあいだにまで浸透していた。日本でも、正式な茶事にふるまわれる懐石料理には優雅な食用花がよく添えられる。

第5章◉地中海と中東

地中海地域の人々は、長年にわたってさまざまな食用花を料理に取り入れてきた。ケシやカーネーション、ハス、ナスタチウム、フェンネルの花、クローブ、バラ、カレンデュラは、地中海沿岸文明圏で食用として栽培されるようになった花の例だ。これらの地域から広まって世界的に有名になった食用花の代表が、サフラン、アーティチョーク、ケイパー、そしてオレンジの4つである。

◉サフラン

サフランは、ヨーロッパと中東・アジア間の豊かな芸術や建築、科学、技術、さらに哲学までの交流の一翼を担ってきたといえる。この花から取って乾燥させた黄金の柱頭《ちゅうとう》は古代の通商ルートをたどり、また凱旋した十字軍兵士たちによってヨーロッパにもたらされた。小さな花がきわめて大きな偉業を成し遂げたといえるだろう。

クロッカス属のなかでも秋に咲くサフラン（*Crocus sativus*）は、古代からその香りと、風味づけや濃い金色の着色剤としての性質が珍重されてきた。花1輪に雄しべの上部である柱頭はたった3本しかない。摘みとるのは手作業で、収穫するには多大な労力とコストがかかる。裕福な人だけがサフランを手に入れられたというのも無理はない。今日でも、450グラムの純粋なサフランは3000ドル以上の価格で取引される。450グラムとは柱頭22万5000本に相当する。つまり、7万5000輪の花から手作業で取られたものだ。そんな高価なものを、古代ローマの金持ちのように枕に詰め、二日酔いを軽くしようなどとする人は今は世界中のどこにもいないだろう。ゼウスよろしくサフランのベッドで寝るというのもできそうにない。

しかし真のサフラン好きは、よくあるベニバナ（黄色い着色剤になる、まったく別の花）などの混ぜ物を入れた安い品ではなく、純粋なサフランに高い対価を払うのを今もためらわない。現在ではこうした混ぜ物は普通のことであり合法だが、ヘンリー8世の時代のイングランドではすぐさま断頭台に送られた。14世紀のドイツでも、混ぜ物をした販売者は死刑の宣告を受け、火あぶりとなった。

サフランの原産地はいまだにはっきりしない。インドだという学者もいれば、小アジアだろうという人もいる。しかし、5万年から4万年前、ティグリス・ユーフラテス川にはさまれた肥沃な三日月地帯の人々は、すでにサフランを絵の具にしてほら穴の中に絵を描いていた。また、サフランはシュメール人にもよく知られており、明るい黄色の染料として、また薬として使われていた。地中海地域にこの花を広めたのはフェニキア人といわれる。食用に使うサフランについて書いた最古の文献のひとつがヘブライ語のソロモンの雅歌だ。紀元前2000年頃に書かれたこの本のなかで、サフランは甘い香りのスパイスとして讃えられている。

ローマ帝国滅亡後、地中海地方でのサフラン栽培は大幅に減ってしまう。しかし、シルクロードを通した交易でもたらされた文化交流や、十字軍兵士の遠征などにより、クロッカス属の花がもつ黄金の柱頭は、富裕層や支配階級のあいだでふたたび高い地位を得た。

1347～1350年に黒死病《こくしびょう》が何百万人もの人々の命をおびやかしたときには、サフランに効果があるという噂が広まって需要が急増した。ところがサフランの栽培が盛んな地域はほとんどがイスラム教の国にあり、十字軍が遠征していた地域だった。そのため商人が渡ることはできず、手に入るサフランはロードス島のような場所を介して輸入されたものだけだった。

1374年、14週間にわたる「サフラン戦争」が勃発する。これは貴族と新興商人階級との闘いだった。ある貴族グループが、360キログラムものサフランを商隊から強奪した。その価値は、現代の50万ドルに相当する。結果的にこのときのサフランは取り戻されたが、サフラン泥棒は儲かる商売と見なされるようになり、ヨーロッパにいくつかの栽培地ができるまで強奪事件が続いた。

今日では、世界のサフラン供給源は主としてスペイン（特にカスティーリャ＝ラ・マンチャ地方）やエジプト、ギリシア、インドのカシミール地方、モロッコ、イランである。特にイランは、全世

サフランを使った贅沢な「サフラン・アイスクリーム」

界のサフランの年間生産量の90~93パーセントを担っている。

原産地はもはや問題ではなく、地球上のあらゆる国で、このスパイスは料理になくてはならない存在となっている。地中海地方では特にそうだ。フランスのブイヤベースやイタリアのミラノ風リゾットを作るにはサフランは欠かせない材料だ。スペインで多少は名の知られたシェフであれば、パエリアやアロス・コン・ポーヨを極上のサフランなしに作ることなど考えられない。サフランの専門家はその香りを金属臭のあるハチミツになぞらえ、味は干し草のように甘いと評する。さらにサフランは染料として、オレンジに近いつややかな黄色を料理に加える。

サフランは地中海地方から世界に広がっていった。17世紀には、イングランドの町サフロン・ウォルデンがサフランの一大産地となる。地域経済にとって非常に重要なものだったため、サフランはこの町の紋章になっている。18世紀にドイツからアメリカのペンシルベニアに渡った、ペンシルベニア・ダッチと呼ばれる人々がいる（まぎらわしいが、オランダ人ではない）。彼らはドイツからサフランを持っていき、やがてサフランの栽培と輸入のビジネスを成功させる。この事業は、1812年の米英戦争によって中断されるまで利益を上げつづけた。ドイツのサフラン農家はこの花を大切に扱い、蓋つきのゴブレットに似た美しい木製の入れ物を作って保存した。さらに、サフランを入れる容器には花飾りやリースによる装飾が施された。こうした入れ物は、今では民芸品として価値が出ている。たとえば、19世紀の農夫で工芸家だったヨーゼフ・レーンの作品は、オークションで4万8000ドル以上の値がつくこともある。

イギリスのサフロン・ウォルデンの紋章。この町はかつてサフラン栽培の中心地だった。

◉アーティチョーク

地中海地方から全世界に広がって人気を集めた食用花に、アーティチョークがある。巨大なアーティチョークの木は、革のような葉を広げた直径が2メートル近くあり、高さはときに180センチを超える。異様な外見だが、古代の地中海の人々は、そのつぼみがおいしい食材になることを発見した。重なり合ってつぼみを形づくる、うろこのようにも葉のようにも見える可食部分は苞片《ほうへん》［つぼみを包むように葉が変形した部分］である。つぼみの底部分「ハート」も食べられる。植物学の分野では *Cynara scolymus* という学名で呼ばれるアーティチョークは、アザミの仲間にあたる。世界には50種類ものアーティチョークがあるが、よく使われるのは「グリーングローブ」や、イタリア産の品種などだ。食べずにおいた場合、アーティチョークのつぼみは開花してきれいな青紫の花となり、直径18センチにもなる。

2000年以上前、人々は野生のアーティチョークのうちの3種類が食べられることを発見した。その種が育つのは地中海地域中央と西部の盆地、カナリア諸島、エーゲ海諸島、南トルコ、シリア、レバノン、イスラエルだ。カルドンとして知られる野生種は、これらの地域に今でも存在する。現在手に入るアーティチョークはおそらくシチリア島かチュニジアの野生種から栽培したものだが、名前はアラビア語「アルカルチェフ（巨大なアザミ）」から来ている。モロッコ人がスペインを侵略したときに、アーティチョークも持ち込んだためだ。これがのちにスペインでアルカチョーファ、

ベトナムのマーケットで売られるアーティチョーク

ヘンリエッタ・ショア『アーティチョークを採る人々』(1934年)

イタリアではカルチョーフィと呼ばれるようになった。

紀元前300年にはすでに、ギリシアの哲学者で博物学者のテオプラストスが、アーティチョークがイタリアとシチリア島で栽培されていることを記している。古代ギリシアの医師ディオスコリデスは、アーティチョークの薬効を高く評価した。また、その花も富裕なギリシア人やローマ人に珍重された。ただし、『博物誌』を著した大プリニウスは、アーティチョークを「世界の怪物のひとつ」と呼んでいた。アーティチョークは、ハチミツと酢に漬け、レーザーワート(今では絶滅してしまったハーブ)とクミンで味つけして保存されていた。サフランがそうだったように、ローマ帝国が滅亡したことでアーティチョークの栽培文化も失われてしまう。わずかに残された産地は、おそらく修道院で栽培を続けていたものだろう。

だがその後15世紀に、アーティチョークはふたたび支配階級の味覚を刺激することになる。有力なストロッツィ家のひとりが1466年にフィレンツェからナポリに紹介したことで、急速に人気を高めていったのだ。1576年にバルトロメオ・ボルドはこう書いている。アーティチョークには「男性のなかにも女性のなかにも愛の女神ヴィーナスを呼び起こす、すばらしい作用がある。女性の魅力を増長させ、奥手な男性を積極的に変えてくれる」

アーティチョークを食べるのは手間がかかる。だからイタリアの料理人はこれを前菜として、あるいはメインディッシュとは別の料理として出した。アーティチョークには、オランデーズソースや酢、溶かしバター、アイオリ、レモン汁やマヨネーズ、パルメザン・チーズなどのディップソースを添えることが多い。しかし、肉や野菜、鶏肉や新鮮な野菜を詰めることもあり、生で食べたり、ゆでて食べたり、蒸したり、炒めたり、マリネにしたりとさまざまな方法で供される。ハーブティーに使われることもあり、イタリアではチナールというリキュールにまでなっている。

アーティチョークの栽培は今でもイタリアやスペイン、フランスといった地中海地域が世界を牽《けん》引《いん》している。アメリカ合衆国の場合、100パーセントがカリフォルニア産のものであり、さらにそのうちの80パーセントがモントレー郡産だ。アーティチョークは第3代大統領トーマス・ジェファーソンの庭でも栽培されていたが、もともとはフランス領のルイジアナ州にフランス人が導入したものだ。1806年にはすでに園芸の本にアーティチョークの植え方が載っている。1890年代になるとシチリアからの移民がカリフォルニア州でアーティチョークの栽培を始め、1904年には東部に出荷するようになっていたという。

しかし、ほどなくしてマフィアがこの作物を支配するようになる。1920年代には、ギャングがアーティチョークの生産者と販売業者を恐怖におとしいれた。夜中に鉈《なた》で武装した手下をアーティチョーク畑に送り、切り倒すなどの悪行を働いたという。マフィアと闘っていたニューヨーク市長のフィオレロ・ラガーディアは1935年、「アーティチョーク戦争」を開始する。アーティチョークの「販売、展示、保有」を禁止するというものだ。しかし、この禁止令はわずか1週間しかもたなかった。

アーティチョークの植えつけや栽培、収穫はすべて手作業で行なわれる。収穫のピークは3月下旬から5月で、秋にも多少収穫される。1年のうちに30回も収穫できることもある。細心の注意を払い、手作業で収穫を行なうことによって最高の品質のアーティチョークが作られているものの、その手間ゆえに、毎日の食事に登場するようなものではない。

◉ケイパー

作家で映画脚本家のノーラ・エフロンは『ハートバーン』〔河出書房新社／松岡和子訳／1986年〕のなかで、「ケイパーが好きという人は、そのふりをしているだけ。実のところ、ケイパー入りの料理がおいしければ、ケイパーを抜けばもっとおいしくなる」と書いている。ずいぶん手厳しいが、彼女の意見に反して、ケイパーのシャープなぴりっとした風味を楽しみ、何千年もの伝統を堪能する人は多い。

ケイパーの木（*Capparis spinosa*）の原産は地中海地方、特にキプロス島やエジプト、フランス、

ドイツの植物学者オットー・ヴィルヘルム・トーメ（1840 ～ 1925年）によるケイパーの細密なイラスト

エルサレムで「嘆きの壁」から茂って咲くケイパー

ギリシア、イスラエル、イタリア、モロッコ、スペイン、トルコである。ケイパーの木は頑丈で、乾燥した暑さや強い太陽光線のなかでよく育ち、栄養の悪いやせた土地でも元気に茂る。枝を1メートル四方に広げ、高さは60センチ以上になることはめったにない。栽培されているケイパーもあるが、ほとんどは野生のもの。すきを見つけてはどこにでも生える。岩や歩道、壁の割れ目から顔を出すケイパーの茂みもある。なんと、エルサレムの有名な「嘆きの壁」を伝わっている姿すら見られる。この木は繊細で香り高い白い花を咲かせるが、その花にお目にかかれることはめったにない。ほとんどがつぼみのうちに収穫され、塩や塩水、酢などに漬けられて食用にされるからだ。

ケイパーは食物にピリッとした辛みと塩味、

独特の香りを加えるため、パスタソースやピザ、魚、肉料理、サラダなどに使われ、またオリーブやルッコラ（英語ではロケットともいう）、アーティチョークやアンチョビなどとともに、地中海料理において重要な役割を果たしている。よくマスタードや黒コショウなどと比べられるケイパーの風味は、潰された植物組織から出るマスタードオイル、つまりイソチオシアン酸メチルに由来する。キプロス島やイタリア、マルタ島、シチリア島の名物料理には欠かせない食材であり、チキンや小牛のピカタやパスタのプッタネスカ・ソース、カポナータ、ニース風サラダなどに使われる。

紀元前2000年の頃からシュメール人はケイパーを医療目的に幅広く、特に消化を助けるものとして重宝してきた。古代ギリシア人は、まだ開いていないつぼみを美食の楽しみに変化させる方法を学び、地中海地方をまたいで活発にケイパーの取引をして利益を得た。ヘブライ人はケイパーを媚薬と見なした。旧約聖書にも登場する。「コヘレトの言葉」第12章5節にはこんな一節がある。

人は高いところを恐れ、道にはおののきがある。
アーモンドの花は咲き、いなごは重荷を負い
アビヨナ［ケイパー］は実をつける。
人は永遠の家へ去り、泣き手は町を巡る。［新共同訳］

ケイパーの収穫は重労働だ。低く繁るケイパーを採集するためには腰を落として屈《かが》まなければな

らない。上のほうの枝の先にある、もっとも小さくて価値のあるつぼみから始め、少しずつ下がっていき、木の下のほうについている大きめのつぼみに向かう。作業者たちは手袋もつけずに手際よく摘み、つぼみの後ろにある鋭いとげを上手に避ける。枝を折ってしまうとケイパーは翌年育たなくなってしまう。絶対に折らないよう気をつけなければならない。

ケイパーを現在もっとも多く生産している国はモロッコだ。次いでスペイン、トルコの順になる。イタリアはかつてケイパー栽培の王者だったが、今日ではシチリア州のパンテッレリーア島などで少量を生産するにとどまっている。パンテッレリーアのケイパーは、唯一、ＩＧＰ（保護地理的表示）の対象となっている。パンテッレリーアのラ・ニッキア農場では１９４９年からケイパー栽培を開始し、地域の伝統と文化に基づいた仕事を続けている。この農場ではケイパーの新商品も次々に開発されている。たとえば「クランチー・ケイパー」はベーコンのような風味が少しあり、新たなピザのトッピングとして期待されている。ラ・ニッキア農場はまた、分子ガストロノミーで用いられるケイパー・パウダーの生産も行なっている。

◉オレンジの花

オレンジの木（*Citrus sinensis*）が、原産地の中国南部あるいはインド北東部から地中海地域に初めて伝わったのがいつごろかははっきりしていないが、８世紀のアラブ世界ではすでに、オレンジの白い花を水蒸気蒸溜してその香りを抽出し、オレンジフラワーウォーターやそのエッセンシャルオイルであるネロリを作り、香料や香水に使う方法を発見していた。このオイルを1リットル作るにはオレンジの花が1トンも必要なため、比較的高価な商品になる。イスラムの料理では、これをヤギやラムなどのスパイシーな肉料理に入れたり、フラットブレッドや甘いケーキなどの焼き菓子に使ったりした。こうした食物は食用花やフラワーウォーターで香りづけされた。特に好まれたのが、ローズウォーターとオレンジフラワーウォーターである。西暦632年、ムハンマドの死後数世紀にわたって拡大していったイスラム教とともに、ペルシア＝イスラム料理と呼ばれるものが北アフリカからスペイン、南仏をも含む地中海地域に広がった。

8世紀、もっとも広範なレシピを集めた料理本はバグダッドで見られた。なかでも有名なのが『キタブ・アル＝タビク』。300以上のレシピが載っていて、そのうちの20はカリフのハールーン・アッ＝ラシードが提供したものだ。レシピのなかには、ローズウォーターやオレンジフラワーウォーターで風味と香りをつけたものや、その水にさまざまなスパイスを加えて新たな味を作り出しているものなどがある。

16世紀のシチリアでは、オレンジフラワーウォーターは風味づけとして、特にお菓子に使用されるようになっていた。オレンジの木も17世紀にはヨーロッパ中で見られるようになる。特にビターオレンジ、別名サワーオレンジやマーマレード・オレンジ、また通りに1万4000本ものオレンジの木が並ぶスペインの市の名を取ってセビリア・オレンジと呼ばれた種類のものがあった。オ

トルコのペストリーには、オレンジフラワーウォーターがよく使われる。

レンジフラワーウォーターを作るには、まず完全に開いた花を手作業で摘み、その後、花を網袋に入れて銅のポットで水の中で蒸溜させる。蒸溜して1クォート（1・36リットル）を抽出するのに、およそ900グラムの花が必要だ。

オレンジフラワーウォーターが欠かせない菓子には、フランスのジバシエ（プロヴァンスのペストリー）や、ポンプ・ア・リュイル（プロヴァンスのクリスマス・ペストリー）、マドレーヌ、スペインのロスコン・デ・レジェス（王様のケーキ）、イタリアのパンナコッタや、イースターのパイ「パスティエラ」などがある。

オレンジフラワーウォーターは長年、北アフリカや中東のさまざまな料理、とりわけ甘いデザートや焼き菓子の材料だった。ハチミツと混ぜてアラビア版バクラヴァに使われることもある。モロッコでは今でも、家に来客がある際や、

ジャン・シメオン・シャルダンの描いた『ブリオッシュ』(1763年)。結婚のシンボルとしてオレンジの花が添えられている。

あるいはお茶を飲む前に手を洗う水の香りづけにも使われている。こうした伝統的な用途は廃《すた》れかけているものの、三日月型の菓子「カーブ・エル・ガザル」(ガゼルの角)やヘビのような形のペストリー「メハンシャ」(蛇)などの菓子には、今でもオレンジフラワーウォーターが材料として使われている。

オレンジフラワーウォーターが地中海の料理に盛んに使われている理由のひとつは、これが昔から多産や幸運と結びつけて考えられているからだ。ギリシアの女神ヘラは最高神ゼウスと結婚するとき、純潔のシンボルとしてオレンジの花を贈られた。ローマの女神ユーノーがユピテルと結婚するときも

オレンジの花の蜜やオレンジフラワーウォーターは、食料品店で広く扱われている。

同様だった。オレンジの花は何百年ものあいだ、結婚式のブーケや髪飾りに添えられていた。イギリスのヴィクトリア女王はアルバート公と結婚する際、数々の宝石のティアラを持っていたにもかかわらず、オレンジの花《はな》冠《かんむり》をつけている。ただし、オレンジの花が誘惑を意味することもある。マドリッドの娼婦は客を呼び込むために、ネロリ油を数滴、体につけるという。

オレンジフラワーウォーターはお茶やミネラルウォーターなどの飲み物に入れてもよく、(たとえば19世紀のアメリカでは、薬剤師のジョン・ペンバートンが発明したソフトドリンク「コカ・コーラ」の初期のレシピにネロリ油を使っている)、またカスタードやプディング、アイスクリームやキャンディにも入れられる。香り高くユニークな「オレンジの花のハチミツ」は、花の咲く時期に作られる珍味だ。地中海地域ではフランスやイスラエル、イタリア、スペインがオレンジのハチミツの主要な産地だが、それ以外の国でも作られている。アメリカ合衆国ではフロリダ州やニューヨーク州、テキサス州でこのハチミツのほとんどを供給しているが、オレンジはビターではなく、甘いスイートオレンジ種である。

◉地中海と中東の、その他の食用花

ほかにも多くの食用花が地中海と中東の料理に見られる。ウシノシタグサの名でも知られるアンチューサ（*Anchusa azurea*）は鮮やかなサファイア・ブルーの花が有名で、ルリジサの親戚にあたる。この花は魚料理やサラダ、デザートに使われ、砂糖漬けにもなる。チュニジアではアンチューサをソレル（ヒメスイバ）とともにスープにする。

古代ギリシアを原産とするタンポポは、旧約聖書には「苦いハーブ」のひとつとして出てくる。つぼみと葉はホウレンソウのように調理されるが、サラダにしてもおいしい。イタリア人は特にこの花を好み、花びらを使ったタンポポ酒は彼らが発明したと考えられる。

ミント（ハッカ）の花は葉と同じだが、もう少しマイルドな味がする。カスタードやデザート、野菜やカレーとともに用いられるミントもある。タブーラやクスクスなどの、中東の料理にもよく見られる。

ベルフラワーのように、さまざまな名で呼ばれるカンパニュラ属（*Campanula rapunculoides*）の食用花の色は白からピンク、青、薄紫まであり、パンタロンという種類はまだら模様だ。おもにサラダに使われるが、コンフィやジェリーにもなる。砂糖漬けの花にすれば、デザートに添える見ばえのよい飾りになる。

ヒソップ（*Agastache foeniculum*）はアニスとも呼ばれ、地中海東部地域やアジアが原産。その小さな青紫の花は聖書の時代から使われてきた。花は甘草とアニスの種（アニシード）を混ぜたような味と香りがして、ラム料理のソースに入れたり、ビスケットやクッキーの香りづけにする。中国ではこれを伝統的に牛肉の炒め料理に入れている。カラシナ（*Brassica juncea* あるいは *Brassica nigra*）は普通はサラダに入れるが、古代ローマ人は媚薬的効果があるとして使っていた。古代の薬屋はこの花を鉢ですりつぶして粉にし、「ほれ薬」として売っていた。

肉桂《につき》［にっけい］（シナモン）の花は、咲きはじめる直前に摘みとって天日干しする。ピクルスにしたり、スパイスのブレンドに混ぜたりするのが一般的だ。肉桂のつぼみは小さなクローブに似ており、シナモンと同じ匂いに加え、より花らしい、ワインのような芳香がある。オクラ（*Abelmoschus esculentus*）の花はわずか一日しか咲かないため、料理に使うなら迅速に動かねばならない。古代エジプト人はオクラを栽培し、そのハイビスカスに似た薄黄色の花びらを食べた。オクラの実と花は、今日でもエジプトのシチューに使われている。

第6章◉ヨーロッパ

花といえば、その色と香りが世界中で愛でられ、食用花の場合は、その独特の風味がよろこばれてきた。花はまた、多くの文化で象徴的な意味をもつようになり、さまざまな美徳や感情のシンボルとされた。ヨーロッパ、特にヴィクトリア朝時代のイギリスでは「花言葉」が次々につくりだされ、花を選ぶだけで思いや気持ちを表現できた。

実際、ヴィクトリア朝の人々は花に心酔していたようだ。どの家にも花が飾られ、陶磁器、文房具、壁紙、カーペットには花柄が使われることも多かった。ファッショナブルな女性は髪に花を飾り、アクセサリーとして服にピンでつけた。男性はスーツのボタン穴に挿すこともあった。ケーキを飾るのも花の形をあしらった砂糖漬け。何かにつけて花束が渡され、そこにメッセージを託した。小さなブーケをレース紙で包み、サテンのリボンを結んだものは「タージーマージー」と呼ばれたが、タージーマージー用にどんな種類の何色の花を選ぶのか、またそれをどのようにアレンジする

ほとんどの食用花は、ジャムやゼリー、コンフィにできる。

のか、そこが腕の見せどころだった。たとえばまっすぐに伸びた花は前向きな気持ちを示し、下向きに咲いている花は否定的な気分を表した。受け取った者がその花にどんなメッセージが込められているのかわからないこともあったが、心配はいらない。当時たくさん刊行されていた花辞典を引けばよかった。

花辞典によれば、何百種類もの花になんらかの意味が与えられていた。黄色いカーネーションは「失望」あるいは「拒絶」、ハイビスカスは「恋心」を表し、エルダーフラワーは「熱意」、ラベンダーは「愛」、スミレは「慎み」や「美徳」といった具合だ。

◉バラ

バラは、花をコミュニケーション手段として使う好例といえよう。一般的にバラは、「愛」「情熱」「欲望」さらには「セックス」のシンボルだ。恋人たちは昔からバラを贈り合い、恋愛小説のなかではバラの花びらを散らしたベッドの描写をよく見かける。そのように愛と情熱を象徴するバラの花びらを添えた料理は、ロマンチックでセクシーだとみなされる。たとえば、バラの花びらソースを添えたウズラ料理は、ラウラ・エスキヴェルの小説『赤い薔薇ソースの伝説』［世界文化社／西村英一郎訳／1993年］に登場する官能的な一品だ。

つまりバラは、愛や感情に働きかけるだけでなく、何世紀ものあいだ料理に添えられ、楽しまれ

バラを含む食品はセクシーでロマンチックなものと考えられている。

てきた。風味豊かで使い勝手がよく、重宝がられてきたのだ。バラ属の代表的な灌木《かんぼく》は、ペルシア、エジプト、バビロニアや中国の古代文明までさかのぼることができる。最初期のバラの食用利用は紀元前7世紀のメソポタミア文明に見られ、くさび形文字の石板には「バラは薬の調合に欠かせない」という記述が残されている。バラが初めて栽培されたのは古代ペルシアだとされる。2000年以上も前にバラ酒がつくられて輸出されたという証拠がある。

バラのほとんどの品種の花びらは、食べたり、食物の香りづけにしたり、あるいは花びらを蒸溜してローズウォーターにする、などの使い方がある。ギリシア人にとってバラは「愛」と「美」と「幸福」のシンボルだった。バラを意味するラテン語の「ローザ」はギリシア語で赤を表す「ロドス」に由来している。調味料としてのバラは、紀元前4世紀にはアテネの街角ですでに売られていたようだ。古代ギリシアではバラの香りは酒宴にふさわしいとされ、(ギリシアだけでなくローマでも)バラのエッセンスでワインに味をつけたりした。古代ローマではバラを愛の女神ヴィーナスと結びつけ、バラの花びらでワインに香りをつけることもあったという。

10世紀に入ると、バラはケーキやクッキーやペストリーの風味づけに用いられるようになる。中世には鶏肉やジビエや魚料理にバラの香りがつけられた。宮廷料理人はメインコースにバラを使い、同時にペストリーやキャンディなどのデザートにもバラの香りを用いた。この時代、バラのジャムも人気があった。さらに、ローズウォーターが十字軍を介してペルシア(現在のイラン)からヨーロッパに伝わっていく。ペルシアでは9世紀以降、蒸溜法によって大規模な生産が行なわれていた。

たとえばマジパンは中東で生まれて中世に西欧に伝わったものだが、長らくローズウォーターで香りづけされていた。

ルネサンス期、ローズウォーターはヨーロッパの料理にますます欠かせない存在となった。『ルネサンス料理の饗宴——ダ・ヴィンチの厨房から』のなかで、著者デイヴ・デウィットはローズウォーターを使うルネサンス期の２種類のレシピを紹介している。

まずは、最高の「ビスケットケーキ」の作り方。

生みたての新鮮な卵を４つ、そのうちふたつは黄身だけを使う。よく泡立て、スプーン２杯のローズウォーターを加えて混ぜ合わせる。これに１ポンド（約４５０グラム）のふるいにかけた精製糖を加え、１時間混ぜつづける。そこに１ポンドの上等な小麦粉を入れ、さらに十分混ぜ合わせる。バターを塗った皿に載せて、すばやくオーブンに入れる。焼きすぎないように注意すること。

ふたつ目のレシピ「シュルーズベリー・ケーキ」では、ローズウォーター少々を風味づけに使っている。また、「トルテ・オ・ポム・エ・オ・ポワール（リンゴと梨のタルト）」はルネサンス期の有名なデザートで、現代のアップルパイの先祖といえるデザートだが、ここでもローズウォーターを使う。さらに、ジョン・ミュレルの『料理と（肉の）カーヴィングの本（上下）*Two Books of*

『Cookerie and Carving』（1638年）には「バラのつぼみのピクルス」のレシピがある。「バラのつぼみをワインビネガーと砂糖とともに陶製の小さな壺に入れる。カウスリップ（キバナノクリンザクラ）やスミレやローズマリーの花も使ってもよい」と書かれている。

フランス北西部にある中世の街プロヴァンは、バラを使った食品で有名だ。「ロサ・ガリカ」、すなわち「ガリア（フランス）のバラ」は、すでに紀元前6世紀にギリシアの詩人アナクレオンに讃えられているが、おそらくローマ帝国の征服によりガリアに伝えられたものだろう。プロヴァンに古くからある「ロサ・ガリカ・オフィキナリス」種の栽培は18～19世紀には下火となってしまったが、現在は人気が少し復活しつつあるようだ。というのも今もなお、バラはプロヴァンのお菓子作りと結びついているからだ。たとえば、バラの花びらの砂糖漬け、バラの香りのハチミツやチョコレートやリキュール、それにフルーツ・ゼリーの菓子などにも使われている。

ヴィクトリア朝時代にはバラはお茶から菓子、ペストリー、オイル、ジャム、ソースなどの風味づけに人気の花だった。バラの香りをつけたハチミツはハムの保存料となり、バラの香りの酢は葉物や野菜料理のドレッシングに。ローズウォーターはまた「ウェイヴァアリー・ジャンブル」というクッキーにも使われた。これは古いイギリスの焼き菓子で、アメリカのホワイトハウスでジェームズ・モンロー大統領にも供されたといわれている。

バラ園は優雅なヴィクトリア朝の暮らしに欠かせなかった。おしゃれな貴婦人たちは午後のお茶会のため、みずみずしいバラの切り花で飾られた客間に集まる。このとき供される食物や飲み物にも優美なバラが添えられた。ヴィクトリア朝の人たちに特にもてはやされたのがバラのサンドイッチ。薄切りパンに自家製バターか、名高いイングランドのこってりしたクロテッド・クリームを塗り、深紅のバラをはさんだものだ。

『ジャム、ゼリー、甘い保存食のよろこび *The Joy of Jams, Jellies and Other Sweet Preserves*』（２００９年）の著者リンダ・ジードリッヒによると、バラの人気は、ほかのフレーバーが流行するにつれて下火になっていった。

ヨーロッパではバニラが入ってきたことで、バラを料理に使うことがめっきり減っていく。ところで、アメリカではバラはついぞ人気になることはなかった。初代大統領夫人マーサ・ワシントンの『料理の本 *Booke of Cookery*』（20世紀になってから発掘され、出版された）にはローズウォーターを使うレシピが多く紹介されている。とはいえ、これはマーサのイギリス系の祖先から伝わったものであり、アメリカの19世紀の料理本には花を使ったレシピはごくわずかしかない。

それでも、いまやバラは、特に焼き菓子の世界で世界的なリバイバルを果たしている。バラの風味づけはふたたび、ヨーロッパのトップクラスの菓子職人によってデリケートな焼き菓子の引き立て役となった。フランスの有名パティシエ、ピエール・エルメは、香水と料理の関係を追究、実際

カルト的人気のマカロン「イスパファン」は繊細なバラ風味のクリームをはさんだ菓子。フランス人シェフ、ピエール・エルメが作った。

に「食べられる香水」を創作している。彼はロシャス社の「鼻」と呼ばれる調香師で友人でもあるジャン＝ミシェル・デュリエとともに、料理界に新たな突破口を開いている。ピエール・エルメでカルト的ともいえる人気を誇るのは「イスパファン」。美しいバラの品種の名をつけたこの一皿は、大きなマカロンふたつに繊細なバラの香りのクリームをはさみ、酸味の効いた新鮮なラズベリーと甘いライチを添えている。

◉スミレ

ニオイスミレ（以後、単に「スミレ」とする。学名 *Viola odorata*）はヴィクトリア朝の花言葉によると、「忠誠」「謙虚」「純潔」「愛着」「慎重」「誠実」「愛情」「幸福になるように行動する」という意味だ。庭ではすっかりおなじみのスミレはヨーロッパや北アフリカから世界中に広まり、その花びらが香りづけに使われている。また、スミレは薬用にもなるが、通常はお茶として利用される。パキスタンでは、発汗を促し、熱を下げるためにスミレのお茶を飲む。また、不安感や不眠症をやわらげたり高血圧を下げる作用があるといわれる。17世紀にはスミレのジャムで作った「のど飴」が、気管支炎や鼻づまりの治療に使われた。スミレの香りをつけられた砂糖「ヴァイオレット・シュガー」は結核に対する治療効果があるとされ、当時の薬局では常備薬として売られていた。スミレは抗菌作用があるため、スミレを使った療法は実際に大きな効果がある。

興味深いことに、スミレにはサリチル酸、つまりアスピリンの成分が含まれ、またビタミンAとビタミンCも豊富である。著書『健康によいハーブを求めて *Stalking the Healthful Herbs*』（2005年）のなかでユエル・ギボンズは、隣人だったペンシルベニア・ダッチの人々が春になるとスミレを摘み、野生の葉野菜とともに家族で食べるようすを見たと書いている。「ペンシルベニア・ダッチの子供たちはスミレの花を食べていたが、賢いと思う。味のよいこのかわいい花は、同じ重さのオレンジの3倍もビタミンCを含んでいる」

スミレは砂糖の香りづけによく使われてきた。「アニス・ド・フラヴィニー」はアニシード（アニスの果実）を核にして砂糖をコーティングし、フランス語でパスティーユと呼ばれるハードタイプの小さな白い糖衣キャンディにしたものだ。フランスのフラヴィニー村のベネディクト会修道士が作ったのが最初といわれ、貴族たちに好まれた。ルイ15世の愛妾《あいしょう》ポンパドゥール夫人はその代表だろう。今日これを作っているのは「ラ・メゾン・トルバ」1社だけだ。今でも「パニング」という昔ながらの製法で製造している。それは、アニシードと香りのついた砂糖シロップを一緒に回転させて、砂糖がゆっくりとアニシードの表面に付着していくようにするという気長な方法で、パスティーユができるまでには2週間かかる。この会社ではスミレを含む10種類のフレーバーのパスティーユを製造している。

イングランド王エドワード1世は、ローズシュガーとともに、スミレ風味の砂糖がお気に入りだった。1287年の王室の出納帳を見てみると、136キログラムものヴァイオレット・シュガーを購入したと記されている。チャールズ2世は、スミレ砂糖をハードキャンディにした、当時「プレート」と呼ばれていたものが大好きだった。

スミレは砂糖漬けの形で使われることが多かった。ヴィクトリア朝時代には大変な人気で、ハイ・ティー［英国などで夕方から夜にかけて食事を兼ねて開かれるお茶会のこと］の際の菓子としてよく出された。またケーキ、ペストリー、フラン（タルト）、プディングの飾りとしても用いられた。ヴィクトリア女王の母であるケント公爵夫人ヴィクトリアは、とりわけスミレのお茶を好んだという。これは、乾燥させたスミレを熱いお茶に入れ、ハチミツで甘みをつけたものだ。ヴィクトリア女王は王室付き庭師に、お茶やシロップやゼリーに入れるスミレの花を常に切らさないようにと命じていた。

おもしろいことにスミレは、人によって味や香りが違って感じられる。スミレにはイオノンという化合物があり、それが人間の嗅覚受容体を刺激する。ただし、花を嗅いだ直後には匂いを感じるが、しばらくするとわからなくなってしまう。また、イオノンの香りをどう感じるかには遺伝的要因もある。人によっては花というより石鹸の匂いに近いと感じたり、味も香りもまったく感じない人もある。

古代ギリシアの時代から、スミレはワインの中に入れられてきた。また、ワインに入れるだけでなく、酒宴の会場全体にスミレの花びらを撒くこともあった。ギリシア人はまた、飲みすぎによるめまいや頭痛を防ぐと信じて、スミレを飾った花冠《はなかんむり》をかぶった。ジョン・ジェラードの16世紀

スミレのスイーツには数百年の歴史がある。ハワードの「ヴァイオレット」は1920年代にニューヨーク市で生まれ、今でも売られている。

の『本草書《ほんぞうしょ》』ではプリニウスを引用し、スミレは「香りよい花冠に用いられ、頭の重いときによく効く」と書かれている。

ケルト人やゲルマン人などもスミレの開花を「春の到来」のしるしとして祝った。ゲルマン人はそれをイベントにして、5月のワイン、つまりワインにハーブやスミレを加えたものを飲んでは踊ることで盛り上がった。オーストリアの伝統的な混合飲料にクレーム・ド・ヴィオレットがある。スミレと砂糖をスピリッツに漬けた濃い紫色の液体だ。クレーム・ド・ヴィオレットはオーストリアで長年菓子職人が愛用してチョコレートやケーキに加えてきたが、普及したのはリキュールやカクテルの材料として使われるようになってからである。バラまたはスミレが入っているリキュールには、「パルフェ・タムール」もある。

食用スミレはヨーロッパ以外でも知られていた。

1886年にイギリスからアメリカに移住したウィリアム・G・ソルトフォードはニューヨーク州ラインベックに落ち着いたが、イースターの頃に故郷イングランドでスミレが咲き乱れていたことを思い出し、庭師だった弟ジョージをアメリカに移るよう説得、その際に1株のパルマ種のダブル咲きスミレを持参してもらった。兄弟はハドソン・バレーの小さな町でスミレを育てる事業を起こし、1902年にはジョージ・ソルトフォードが『スミレ栽培をビジネスにする方法 *How to Make Money Growing Violets*』を出版するにいたる。やがてラインベックは「世界のスミレの中心地」と呼ばれるようになった。

1920年代、チャールズ・ハワードが小さな角型のスミレのキャンディをシンプルに「ヴァイオレット」と名づけてニューヨーク市の路上で売りはじめ、1930年代に入ると、多くの店でこのキャンディが見かけられるようになった。ニューヨーク州のスミレの栽培は、当時この花を襲った疫病や大恐慌、生活のスタイルや好みの変化によって破綻してしまうが、ハワードのスミレ・キャンディは生き残り、今日でも売られている。

◉ラベンダー

伝統的に、ラベンダーは「食べるハーブ」とは思われていない。食材として使われるようになったのも比較的最近だ。「ラベンダー」という名はラテン語で「洗う」ことを意味する「ラヴァレ

(lavare)」という言葉に由来し、古代には体を清めるために風呂に入れるハーブだったことからついた名前である。ギリシアでは「ナルド」、インドでは「スパイクナード」と呼ばれたヒマラヤ原産の「甘松《かんしょう》」は、実際にはラベンダーのオイルだったという説もあり、複数の文化圏で化粧品やマッサージオイルや医薬品として使われている。たとえばエジプト人はラベンダーを入れた軟膏を死者に塗った。聖書でイエスが「ナルドの香油」を塗られる場面がふたつあるが、これはラベンダー油だったと考えられる。彼の死を暗示する象徴といえるだろう。

古代から治療、殺菌、清浄効果が知られてきたラベンダーだが、ローマ帝国滅亡後はあまり使われなくなってしまった。中世の修道院の薬草園で修道士や修道女が栽培を続けていなければ、このハーブの利用法は失われていたかもしれない。ロンドン近郊のマートン・アビーはイングランドのラベンダー生産の中心だった。ラベンダーは貴重で高価なものとして販売されたので、エドワード1世の財源として役立ったと、１３０１年のマートン修道院の記録に残っている。

イングランドでヘンリー8世がカトリックの修道院を解散させた１５３６年以降、ラベンダーは貴族階級のあいだに広まり、室内の空気や衣装をリフレッシュするために用いられた。虫よけとして、また蜜蠟《みつろう》に入れて家具を磨くためにも使われた。エリザベス1世（１５３３～１６０３年）は偏頭痛をやわらげるためにラベンダー・ティーを1日に10杯も飲んだといわれる。ラベンダーが大好きな女王は、新鮮なラベンダーの花を自分の部屋に毎日飾るよう命じ、また肉料理にラベンダージャムを毎食添えないと気がすまなかった。１６３５年の『女王の暮らしの秘密 *The Queen's*

16世紀の肖像画『エリザベス1世』。イングランドの女王エリザベス1世は頭痛と不眠症を解消するために、一日10杯ものラベンダー・ティーを飲んだといわれている。

『Closet Opened』には、ラベンダーの砂糖漬けについてこう書かれている。「新しい花を好みの量取り、その重さの3倍の砂糖を入れてよく混ぜる。ちょうどローズマリーの花にするのと同じ。1年は保存できる」

16世紀のフランスでは、ラベンダーに腺《せん》ペストを予防する力があると信じられた。この時代、盗賊たちがラベンダーとニンニクと酢などを混ぜた薬を発明し、それを塗ると、疫病に倒れた人たちの家々に盗みに入っても決してその病気に感染することはなかったという言い伝えがある。この混ぜ薬が「四人の泥棒の酢」と呼ばれたゆえんである。

16～17世紀にはラベンダーは幅広く使われるようになり、食物に香りを加えるだけでなく、ローズマリーに少し似た、ぴりりと刺激のあるユニークな風味も添えた。いくつもの品種があるなかで、料理に一番よく使われたのがイングリッシュ・ラベンダー(*Lavandula angustifolia*)である。イングリッシュ・ラベンダーはショウノウ成分や樹脂が少ないため、多くの料理人に好まれたからだ。ラベンダーは香辛野菜［料理に香気や辛みを添え、風味をよくするために使われる野菜］として使われ、さまざまな肉料理と合わせるが、なかでもラムとは相性がよいようだ。実際、フランスでは子羊を育てるときにはできる限りラベンダーを食べさせるといわれるほどだ。

ラベンダーの小さな紫色の花は、肉に風味を添えるためにロースト料理にふりかけられることが多い。かなり前からフランスのプロヴァンスでは、ラベンダーはローズマリー、セイボリー、タイム、バジルと合わせてスパイシーな調味料として、グリルした肉や魚、鶏肉、サラダに使われてい

「エルブ・ド・プロヴァンス」はフランスの伝統的なスパイス・ミックス。普通はラベンダーを含む。

ラベンダーのカップケーキ

る。1970年代にはこの伝統的な調味料は、「エルブ・ド・プロヴァンス」［「プロヴァンスのハーブ」の意］として広く一般に販売されるようになった。ただしラベンダーはエルブ・ド・プロヴァンスに最初から入っていたわけではない。プロヴァンスといえば広がるラベンダー畑を連想する観光客に受けるようにと、いくつかのスパイス・ブランドが加えるようになったのである。

ラベンダーは甘みにも使われる。ラベンダーの花を砂糖に混ぜて数週間密封しておくと、ありふれた砂糖がエキゾチックなものに変わる。これをケーキやビスケット、クッキー、甘い丸パンやカスタードに使う。砂糖漬けのラベンダーの花もある。花であれば何であれ夢中になったヴィクトリア朝の人々の発明だ。ヴィクトリア女王は大のラベンダー・ファンで、この花の精油を行なったサラ・スプルールという女性に対して「女王御用達のラベンダー・エッセンス業者」という資格を与えたほど。１８８６年に四女のルイーズ王女とともに女王がスプルールの工房を訪れたすぐあとのことだ。「サラのラベンダー水」はジャマイカやシカゴの品評会でもメダルを受賞している。

今日、ラベンダーは、調理前の肉や魚にすり込んだり、サラダに使ったりする。焼き菓子やアイスクリーム、お茶の風味づけには、ラベンダー砂糖やシロップの形で使う。また、バターやクレームフレーシュ［サワークリームの一種］、塩レモンにも加えられている。

◉エルダーフラワー

ハンス・クリスチャン・アンデルセンの童話『ニワトコおばさん』では、小さな男の子が母親にニワトコ、つまりエルダーの木の花のお茶を1、2杯いれてもらったことで、想像力が大きく羽ばたきだす。これは作家が勝手に作り出した効果だが、アンデルセンは確かにエルダーフラワーの花だけでなく、その木、「西洋ニワトコ（*Sambucus*）」の不思議な評判を理解していた。

魔女はニワトコの木に変身でき、それを切ったり焼いたりすれば妖婆《ようば》の災いを呼んでしまうというのは、広く信じられている伝説だ。イギリスで１９６０年代に起こった異教復興のネオペイガニズムの一派、ウィッカの「魔女の信条」にはこんな一節がある。「ニワトコの木は魔女の木、焼けばお前は呪われる」。ヨーロッパでは、黒魔術《くろまじゅつ》と関係があるというのが広く根づいている考えだ。

エルダーフラワーは「惚れ薬」の材料としてもよく使われた。古くから催淫《さいいん》作用があると信じられてきたためで、その伝統はいまだに生きている。アリゾナ州テンピのカフェ「カフェ・ボア」ではエルダーフラワーのリキュールを入れた「ラブ・ポーション（惚れ薬）」という飲み物がある。ベン・フォードがシェフをつとめるレストラン「フィリング・ステーション（給油所）」はロサンゼルス国際空港のターミナル内にあるのだが、メニューにはエルダーフラワーの成分を入れた「ラブ・ポーション#10」というドリンクがある。

西洋ニワトコの木そのものの薬用効果も古来より広く知られていた。プリニウスは古代ローマ人がこの木のさまざまな部分を薬代わりに使っていたと記している。太古のイングランドやウェールズの医者は、エルダーフラワーの冷却作用を知っていたようだ。1644年にドイツの医師マルティン・ブロホヴィッツが『ニワトコの解剖学 *The Anatomie of the Elder*』という本を著し、この木の花、葉、実、髄、樹皮、根にいたるすみずみまでの薬効を上げている。

ブラックあるいはブラックベリー・エルダーと呼ばれるセイヨウニワトコ（*Sambucus nigra*）の花は小さく、白あるいはクリーム色。それが集まって群れ咲き、5月から6月にかけて3週間ほど開花したあとに黒い実をつける。フランス、オーストリア、中欧では、エルダーフラワーの花からシロップを作る。

中欧、東欧、またヨーロッパ南東部の広い地域で、エルダーフラワーのシロップを水で薄めた、

イケア店内で売られるエルダーフラワー・シロップ（左）と、エルダーフラワーのリキュール「サンジェルマン」（右）

香り高い飲み物が作られている。エルダーフラワーのシロップは、コカ・コーラ社製造「ファンタ」のなかでも、世界15か国で販売されている青いボトルの「ソカタ」のベースになっている。ルーマニアにはエルダーフラワーを少しだけ醗酵させたソフトドリンク、「ソカタ」から来たもの。これに似た飲み物が英国にもあるが、密封耐圧瓶の中で醗酵させることで泡立つアルコール飲料となり、「エルダーフラワーのシャンパン」とも呼ばれている。

フランスのリキュール「サンジェルマン」の原料もエルダーフラワー。スウェーデンのアクアヴィット「ハランズ・フレーデル」はエルダーフラワーで風味づけされている。フランス、アルザス地方ではエルダーフラワーを蒸溜してフルーツブランデー「オードヴィー」をつくる。

エルダーフラワーの酢も数百年の歴史がある。ジョン・パートリッジは著作『隠された秘宝および大風呂敷 *Treasure of Hidden Secrets & Commodious Conceits*』（1586年）のなかで「エルデーン［古英語でエルダーのこと］フラワーの酢」のレシピを紹介している。イングランドの造園家で作家のジョン・イーヴリンも1664年の著作で、エルダーフラワーを漬け込んだ酢をサラダの材料としてすすめている。

エルダーフラワーはヨーロッパ中で多くの料理に使われるようになった。ただしこの花を使う料理人はタイミングを計算しなければならない。というのも、完全に開花し、かつ昆虫が受粉させる前という非常に限られた時期に急いで摘まなければならないからだ。いったん受粉してしまうと、花からはあっという間にハチミツのような芳香も甘いマスカットのような味も失われてしまう。

「ノームズ・ファーム」のエルダーフラワー・フリッター

エルダーフラワーがお茶に入れられたのは、ハンス・クリスチャン・アンデルセンが童話に描いたとおり。ロマはエルダーフラワーを摘む前に「ニワトコおばさん」に許可を求める祈りを捧げ、その後に薬用茶として淹れた。今日でもエルダーフラワーのお茶は「ジプシーの風邪薬」として店頭に並んでいる。

ヨーロッパでのエルダーフラワー人気はアメリカでも高まりつつあるが、アメリカで消費される商品は今でも90パーセントがヨーロッパから輸入したものだ。しかし最近は事情が変わってきたようだ。ペンシルベニア州ステートカレッジではベルンド・ブランドシュテッターが春にエルダーフラワーを摘み、フリッターにして家族経営のレストラン「ヘーウィッグのオーストリアン・ビストロ」で提供している。エルダーフラワー商品、特にシロップは、イケアなどの大型店でも売られている。ノース・カロライナ州の「ノームズ・ファーム」ではシロップを販売し、エルダーフラワーのドライフラワーなどを店内とオンラインで売り、エルダーフラワーを自分で栽培したい人のための挿し木も扱っている。

◉ヨーロッパのその他の食用花

ヨーロッパにはほかにも多くの食用花がある。ソレル（ヒメスイバ／学名 *Rumex acetosella*、フレンチソレルの学名は *Rumex scutatus*）はヨーロッパおよび西アジアが原産で、その花は古代エジプトの時代から食べられてきた。ソレルは料理にピリッとした酸味を加える。ライラック（*Syringa vulgaris*）のレモンのようなフローラルな風味は、マリネやゼリーに入れるとクリエイティブな組み合わせとなる。また、つけ合わせとしても使える。ラベンダーのピンクや白の花もデザートに合う。

15世紀にはマツヨイグサ（*Oenothera*）の甘いポタージュがイースターのごちそうとして好まれていた。この花はサラダや砂糖菓子にも使われた。今日でもマツヨイグサの砂糖漬けはカスタードを使った菓子に使われ、昔ながらの「プリムローズ・ポタージュ」という名で呼ばれている。

スペインで広くサラダ用に使われ、イングランドでもワインや酢の香りづけとして使われていたのがカウスリップ（キバナノクリンザクラ／学名 *Primula veris*）だ。これは、『淑女の友 *The Gentlewoman's Companion*』（１６３９年）によると「脳を鍛え、精神疾患を防ぐ」。カモミール（*Chamae-*

ヨーロッパで採れるその他の食用花。（最上段から左、右の順に）ソレル、ライラック、サクラソウ、カウスリップ（キバナノクリンザクラ）、カモミール、ゼラニウム、チャイブ、クローバー。

melum nobile）は鎮静作用があるので、ハーブティーにして飲むことが多い。古代エジプト人は茶を解熱剤として使い、たとえば、カモミールのオイルを死体の防腐処理の儀式に用いた。

チャイブ（*Allium schoenoprasum* あるいは *Allium tuberosum*）は細長い茎を料理に使うことが多いが、花茎《かけい》［地下茎や根から直接出て、ほとんど葉をつけず、花のみをつける茎］も食用にできる。血圧を下げたりコレステロールを減らしたりと多くの薬効があるといわれる、ピンクがかった紫の小さな球状の花は、スープやサラダや卵料理やパンに入れる。フランク王国のカール大帝は臣民に対して庭にチャイブを植えることを推奨したという。

アイルランドと同国の守護聖人、聖パトリックのシンボルであるクローバー（*Trifolium*）、特にムラサキツメクサは、昔からワインやゼリーやお茶や酢の風味づけに使われてきた。小さな花びらは甘く、アニシードの風味がある。ケーキ、デザート、サラダに使う。南アフリカ原産のニオイゼラニウム（*Pelargonium*）はイギリス人の入植者によって母国に持ち帰られ、ゼリー、ケーキ、デザート、お茶に使用された。

第7章◉南北アメリカ

メキシコ、ポポカテペトル火山のそばから出土した16世紀の石像に、「花の王子」という意味の名がつけられたアステカの神「ショチピリ」がある。本体も台座もキノコと3種類の花で飾られているが、それらはいずれも幻覚性がある。神は頭をそらし、口を大きく開け、どうやらドラッグによる恍惚状態のようだ。アメリカの作家で民族菌類学者でもあるR・G・ワッソンは、その著作『驚くべきキノコ――メソアメリカにおけるキノコ信仰 *Wondrous Mushroom: Mycolatry in Mesoamerica*』（1980年）のなかでこう書いている。「彼はテミクショチ、すなわち「夢の花」――ナワ族はシニクイチ（*Heimia salicifolia*）を摂取したときに起こる夢心地の感覚をこう呼んだ――にどっぷりとひたっている」

アステカをはじめとするアメリカ大陸の先住民たちがさまざまな花を医療用あるいは「聖なる幻覚剤」として使っていたのは確かだが、彼らは料理にも花を加えていた。よく見られるのが（これ

アステカの神ショチピリの石像。名前は「花の王子」という意味。

もまた神聖な意味があるのだが）、ホットチョコレート（カカオ）に風味をつけるために花を入れること。チョコレートは日常的に飲むものではなく、神聖な儀式のときに支配階級のみに許されている飲料だった。そのままだと苦いので、たいていは何かの風味を足して飲み、その際にいくつかの花も使われた。

「耳の花」（フエイナカストリ）（*Cymbopetalum penduliflorum*）と呼ばれる花がそのひとつであり、花びら——耳の形に似ている——を粉末にしてカカオに加えた（量が多すぎると酔っぱらってしまうらしい）。ほかに、「メカショチトル」（*Piper sanctum*）、マグノリア（モクレン属）の花（*Magnolia mexicana*）も追加されることがあった。バニラもよく加えられたが、花よりも種が入っている鞘《さや》（ポッド）のほうが使われた。カカオショチトルの花もまたチョコレートに入れられた。この花はスペイン語で「フロール・デル・カカオ」と呼ばれ、今でもメキシコの先住民に使われている。

◉カボチャ

ヨーロッパ人がアメリカに到来した頃、さまざまな種類のカボチャやスクワッシュなど、ウリ科カボチャ属は新世界のいたるところで見られた。アンデス山脈とメソアメリカを原産地とし、栽培も始まったカボチャはやがて北米にも伝わる。カボチャはトウモロコシや豆類と一緒に植えられ、まとめて「三姉妹」と呼ばれたように、バランスの取れた食事の材料となった。カボチャはどこで

フランスのマーケットのカボチャの花

も栽培でき、実も種も花も地元の料理に取り入れられていった。

フィラデルフィアの植物学者ジョン・バートラムは自身の著書『ジョン・バートラムによる、住民、気候、土壌、河川、生産物、動物、その他の特筆すべき事項に関する観察 *Observations on the Inhabitants, Climate, Soil, Rivers, Productions, Animals, and other Matters Worthy of Notice, made by Mr. John Bartram*』（ロンドン／1751年）で、現在のニューヨーク州北部、アメリカ原住民が住むイロコイ連邦の5部族のうちのひとつオノンダガ族を訪ねたときに出された夕食についてこう語っている。「釜いっぱいに若いカボチャとその花をゆで、挽いた穀物を混ぜた料理が出た」。ヨーロッパ嗜好のバートラムの口にはあまり合わなかったようだ。彼はこうも書いている。「とにかく味が薄かった」

さらに西あるいは南西に向かうと、アメリカ先住民の部族はカボチャの花を炒めたり生で食べたり、スープに風味を加えたりサラダに入れたりしていた。実際、カボチャの花は北米から南米まで共通して先住民の伝統食である。カボチャは1本のつるにたくさんの花が咲くので、たっぷり摘み取ってもまだ実として成熟させる分を残すことができ、冬の収穫も見込める。カボチャの花の味は実の味と似ているが、もっと甘くてデリケートだ。

ヨーロッパの探検家たちはアメリカ大陸を探査しながらカボチャの種や苗を故郷に持ち帰った。ヨーロッパ人はこの奇妙な見慣れぬ野菜をだんだんと料理に取り入れていったが、カボチャもスクワッシュも、まずは薬効成分が注目された。ヴィンチェンツォ・カンピによる1580年の油絵『果物売り』を見ると、今と変わらず、イタリア人がカボチャの花を食べていたことがわかる。

今日、カボチャの花はアメリカの南西部やメキシコのさまざまな料理のなかに見られる。新鮮な生花《せいか》にチーズやトウモロコシやチリやクスクスやパン粉を詰めて揚げることもあれば、きざんでサラダに入れたりスープに加えたりすることもある。カボチャの花は、ケサディーヤやスクランブルエッグやチモーレと呼ばれる豚肉や牛肉を煮込んだシチューにも入れられる。ほかにも花を入れる料理として、フリッター、スフレ、ブリトー、インディアン・プディング（コーンミールと牛乳・卵入りのプディング）などがある。

シンガポールのインド食品店では、マリーゴールドが供え用の花として売られている。マリーゴールドは食用にされるだけでなく、世界中でさまざまな宗教の儀式にも使われてきた。

◉マリーゴールド

スペイン人の探検家たちは、アメリカ大陸に自生するマリーゴールド（*Tagetes* 属）が食用や薬用に使えることを発見したのは自分たちだと思い込んでいたが、土着の人々はそのことを何百年も前から知っていた。

マリーゴールドとひとくくりにされているが、実際にはいくつかの属の違う花がある。タウコギ（*Bidens tripartita*）や、リュウキンカ属（*Caltha palustris*）、キンセンカ（*Calendula officinalis*）、コウオウソウ属（*Tagetes*）などだ。最後のコウオウソウ属は丈夫な一年草で、色は鮮やかな黄色、金色、オレンジ、赤褐色で、ときには赤や白もある。マリーゴールドの花は北米の南西部から中南米が原産だが、ヨーロッパからの初期の入植者が国に持ち帰ったことで、やがて世界中に広まるようになった。

ペルーのインカ人はジャガイモで「オコパ」という料理を作った。足の速い使者が旅の食料として持ち運んだものだ。この料理は数世紀を経て進化し、今日ではペルー南部の山間部にあるアレキパ市の名物になっている。なかでも大事な材料がワカタイ、コウオウソウ属のシオザキソウ（*Tagetes minuta*）というマリーゴールドの仲間でつくったペーストだ。この花は、ボリビアやチリ、エクアドルの料理にハーブとして用いられる。スイートバジルとミントとタラゴンにちょっと柑橘系も入ったような味らしい。また、煎じれば薬用茶にもなる。メキシコには「ペリコン」と呼ばれる、甘いアニスのような風味の薬用茶がある。原料はマリーゴールドの一種、ミント・マリーゴールド（*Tagetes lucida*）。ここでもまた、マリーゴールドは料理に使うハーブとして、よくタラゴンの代わりに入れられる。

野生のマリーゴールド（センジュギク／学名 *Tagetes erecta*）は一般に「メキシカン・ミント・マリーゴールド」と呼ばれ、高さ90～120センチメートル、横幅もそのくらいに広がり、メキシコやグアテマラの在来種だ。花は直径5～10センチになり、香り高い。何百年も前から飲み物や染料や香りづけや薬用に利用されてきた。この花には別名も多い。ほとんどはその香りに由来する名で、たとえばスイートメース（メースはナツメグの薄皮）、メキシカンあるいはウィンター・タラゴン、スイートあるいはミント・マリーゴールド、ルートビア草、イェルバ・アニス（イェルバはマテ茶の木）など。

葉も民間療法においてマラリアや疝痛《せんつう》［発作性の激しい腹痛］や風邪の治療薬として使われ、葉から作られた湿布は昔からガラガラヘビに咬まれたときの手当てに使われている。メキシコ、チワワ州のタラフマラ族やハリスコ州、ナヤリト州のウイチョル族は特にこの薬草を好み、宗教儀式に用いている。言い伝えによると、アステカの族長たちは儀式でいけにえとして神に捧げられる気の毒な人々の心を静めるために、ミント・マリーゴールドのかぐわしい葉から作った粉を用いたという。アステカ人はまたこれを、カカオをベースにして泡立てた飲み物、ショコラトルに風味を加えるためにも使った。

マリーゴールドはときに「フロール・デ・ムエルト（死者の花）」と呼ばれ、苦痛と悲しみを象徴する。メキシコでは、毎年11月の1日と2日は過去をしのんで「ディア・デ・ムエルトス」（死者の日）を祝う。スペイン人が入植するはるか前の古代メキシコに起源があるこの祭りでは、さまざまな大きさの祭壇がつくられ、すでに亡くなった家族のために飲食物が備えられる（この二日間は死者がこの世に戻ってきて家族や友人を訪ねると信じられている）。祭壇は、野生のマリーゴールドを摘んできて壇の上に広げ、また通路から通りへさらには墓地まで撒くことで初めて完成する。

16世紀初頭にスペイン人探検家がやって来ると、マリーゴールドとその花の色はまったく新しい重要な意味をもつことになる。濃い黄色やオレンジの「センジュギク」（Tagetes erecta）は、ところどころに赤色がさしている。そのため、この花はスペイン人による先住民の虐殺の生々しい象徴となった。赤はアステカ人の血を表し、それが、スペイン人がアステカから奪った金を表す黄色の

メキシコの伝統的「死者の日」の祭壇。明るく輝くマリーゴールドは地上に戻ってくる死者の魂を導く。特別なパン（写真中央下）は、オレンジフラワーウォーターを使って作られている。

上に飛散していると見られたのだ。

北米で最初にマリーゴールドを食材として利用したのはオランダ人入植者だったといわれている。ただし彼らが使ったマリーゴールドは、実際には「ポット・マリーゴールド」とも呼ばれる「カレンデュラ」という名のアジアや南欧原産の花だ。キャシー・ウィルキンソン・バラッシュの『食用花──花壇から味わう *Edible Flowers: From Garden to Palate*』（１９９５年）によると、アメリカにカレンデュラを持ち込んだのはヨーロッパからの入植者だという。17世紀、オランダ人は園芸が得意であるといわれていたが、そのオランダ人たちが花のさまざまな品種を作ろうと試みるとともに、多くの花が食材として使われるようになった。

『良識ある料理人 *Sensible Cook*』というオランダ料理についての本には、レタスのサラダにバグロス（ルリジサの仲間）、ルリジサ、バラ、ポット・マリーゴールド（キンセンカ／学名 *Calendula officinalis*）を入れたレシピがある。「ポット・マリーゴールド」は省略してマリーゴールドとも書かれているので、カレンデュラなのか本当のマリーゴールドなのか（いずれもコウオウソウ属）、まぎらわしい。

現代の料理人もさまざまな方法でマリーゴールドを使う。生の花びらをサラダやスープに入れたり、またカボチャの味を引き立てるためにチーズ・ディップや魚料理に入れたりする。甘いもの好きはマリーゴールドをケーキに焼き込んだり、その上に砂糖をまぶしたり、花びらはケーキやカップケーキのかわいいトッピングにしたりする。小さじ１杯の花びらに２４０ミリリットルのお湯を注いでお茶として楽しむこともできる。

◉ハイビスカス

ハイビスカスは世界各地で食用とされ、食品や飲み物の風味づけに使われている。花と萼《がく》は料理して食べたり、ピクルスにしたり、スパイスや食用色素としても用いられる。萼《がく》はマイルドで酸味と柑橘系の風味があり、柑橘系が合うものなら何でも使える。たとえばラム酒系のドリンク、果実入りまたはスパイシーなケーキ、肉用ドレッシングやモーレ（メキシコのソース）などだ。「日本では慣習的にブッソウゲなど一部のアオイ科フヨウ属のみをハイビスカスと理解することが多いが、本書ではアオイ科フヨウ属全般をハイビスカスとしていることを理解していただきたい」

アメリカ、特にカリブ海や中南米では、ハイビスカスの萼《がく》はさまざまな名物料理に使われてきた。シェフのオスカル・カリゾサは、メキシコのオアハカにある自身のレストラン「カサ・クレスポ」でハイビスカスを板チョコレートに練りこんで販売もしている。この「チョコラテ・ハマイカ」はお湯かホットミルクに溶かして飲み物にする。

アスール・レストランのメキシコ人シェフ、リカルド・ムニョス・ズリタは独自のベジタリアン料理を創作するが、それはオアハカのハイビスカスを栽培する先住民を助けるという目的もあってのことだ。ムニョス・ズリタは伝統的な鶏肉や牛肉を詰めたエンチラーダではなく、ハイビスカス

ハイビスカスの燃えるような赤い萼《がく》

の萼《がく》を使用して、料理に肉のようなきりりとした風味を添えた。

中米ではハイビスカスの茎もまたスープに入れ、同じように肉っぽい風味を加える。オアハカはまた数々の種類のモーレで有名だ。なかにはハイビスカスにピーカン・ナッツやポブラノを混ぜたものもある。

メキシコでは、ハイビスカスは「アグア・フレスカ」を作るのに使われる。アグア・フレスカとは、搾《しぼ》りたてのジュースや抽出エキスに熱いお茶を混ぜた庶民的な飲み物だ。お茶は萼をお湯にひたしたり煮出したりして淹れ、砂糖を加える。メキシコのなかでも地域によっては、お茶やアグア・フレスカに、ショウガ、クローブ、シナモン、ナツメグを使うところもある。乾燥させたハイビスカスも食べられ、メキシコでは特に珍重される。萼は甘みをつけてつけ合わせにしたり、クリームチーズやグルネーなどのソフトチーズを詰めて甘い前菜にもできる。

乾燥させたハイビスカスの萼は、「フロール・デ・ハマイカ」と呼ばれることが多く、アメリカでもハイビスカス・ティーを入れるために、特にカリフォルニアなどメキシコの生活習慣の影響が大きいところで昔から売られている（フロール・デ・ハマイカにはおだやかな利尿効果があると言われている）。ハイビスカス・ティーとハイビスカス・インフュージョンは世界中で人気だ。アメリカ合衆国では1972年に、ハーブティー大手メーカーのセレッシャルシーズニングスがハイビスカス・ティーを「レッドジンガー」という商品名で売り出して話題になった。

ハイビスカス・ティーは利尿効果があるだけでなく、ビタミンCも豊富だ。アメリカ政府による研究にも、ハイビスカス・ティーが血圧を下げるという結果を明らかにしているものがある。トリニダード・トバゴのビール醸造所「カリビアン・デベロップメント・カンパニー」では「ソレル・シャンディー」を製造している。これは、お茶をビールにブレンドしたものだ。

ジャマイカでは、ハイビスカスのインフュージョン「アグア・デ・ハマイカ」はラム酒少々を足して飲む。かき混ぜてから冷やして飲むこのドリンクは、ジャマイカのクリスマスの伝統として、フルーツケーキやポテト・プディングとともに出される。パナマでは、ハイビスカスの花も飲み物もどちらも「サリル」（英語の「ソレル」から派生した語）と呼ばれるが、これは摘んできた萼を、きざんだショウガ、砂糖、クローブ、シナモン、ナツメグとともに煮て作るクリスマスの伝統的な飲み物だ。

今日のハイビスカスは交配種だが、もともとはモーリシャスやマダガスカル、フィジー、ハワイ、そして中国あるいはインドが原産だ。さまざまな交易路を経て、赤道沿いの熱帯の国々に広がっていった。ハイビスカスはお茶にするか、アフリカの多くの国々――ガーナ、セネガル、マリ、ブルキナファソ、コートジボワール、スーダン、エジプトなど――でそうしているように、冷たい飲み物として飲まれる。これらの国々ではハイビスカスの萼もまた食料として収穫され、料理に使ったり酸味の効いたソースにしたりする。国内で消費するだけでなく、ハイビスカスの輸出は西アフリカの農民たちにとっては重要な収入源となっている。

◉ナスタチウム

ほとんどの食用花は風味がかすかであるのに対して、ナスタチウム（キンレンカ）は舌がびっくりするほどピリッとした辛みがある。「ナスタチウム」という言葉はラテン語の「ナスス」（鼻）と「トルタス」（曲げる、ねじる）から来ている。ふたつ合わせて「鼻が曲がりそう」、つまりこの花の強い匂いを表している。花とつぼみは口に入れるとしっかりした風味が広がり、若い葉はやわらかく、食べられる。

ナスタチウムがシェフたちにも家庭菜園を楽しむ人にも人気なのは、カラフルな花が料理の見栄えをよくするだけでなく、ビタミンA、C（レタスの10倍もある）、Dを豊富に含むためだ。食べられる一年草のなかでもナスタチウムはもっともおいしく、楽に育てられる花のひとつである。種からすくすく育ち、品種に応じて、つる性ならフェンスや格子に這わせたり、窓際の鉢やコンテナに植えてもよい。

今日よく栽培されるキンレンカ（ガーデン・ナスタチウム）は、ペルーのふたつの種の子孫といえよう。最初の種は15世紀後半から16世紀初めにスペイン人のコンキスタドールがヨーロッパに持ち帰った、ヒメキンレンカと呼ばれる品種トロパエオルム・ミヌス（*Tropaeolum minus*）だ。半つる性で、距《きょ》（花の後ろなどにつき出た部分）があり、香りはかすか、花びらの地色はオレンジがかった黄色、それに濃い赤の斑点がある。葉は盾形《たて》だ。

アンリ・ファンタン＝ラトゥールの絵『ナスタチウム』（1880年）

17世紀後半になって、オランダ人植物学者が、一般的にはより背が高くて丈夫なナスタチウムであるトロパエオルム・マユス（*Tropaeolum majus*）を紹介した。これは濃い目のオレンジの花をつけ、葉はやや丸みがかっていて、つる性だ。スペイン人とオランダ人の業者同士が種苗を交換し合ったことから、この香り高く育てやすい品種のほうが先に、ヨーロッパ大陸とイギリスに一気に広まることとなった。18世紀にはナスタチウムは北米にも紹介される。ヨーロッパからの入植者が新世界に植えようと故郷から種を持参した。これらはときにインディアン・クレスあるいはカプチン・クレスと呼ばれた。花の形がカプチン会修道士のフードを思わせるためだ。

中南米のスペイン人コンキスタドールは、先住民がナスタチウムをはじめとして花をよく食べていることに気づいた。あるイエズス会宣教師によると、インカの人々はナスタチウムをサラダの野菜あるいは薬草として利用していたという。

アメリカ合衆国で初めてナスタチウムを販売したのは19世紀初頭のバーナード・マクマホンということになっている。彼は１８０３年の種子のリストにナスタチウムを「食用」として加えた。ただしそれより前にアメリカ国内でナスタチウムが栽培されていたという報告もある。園芸家としても名高いトーマス・ジェファーソン大統領は、１７７4年に「ナスタシウム」をクレスとセロリと赤チコリとともに植えた。これは、食用花としてナスタチウムの種とつぼみ（ケイパーに似ている）を酢漬けにする、葉をサラダにする、などの当時のナスタチウムの一般的な利用の食べ方とも一致していると言ってよいだろう。ただしその後、「１７８2年 花の開花カレンダー」では、ジェファーソンはナスタチウムを「観賞用植物」に分類し、7月から9月に咲く、と書いている。

1824年、ジェファーソンのいとこでヴァージニア州リッチモンドに住むメアリー・ランドルフが『ヴァージニア州の主婦 *The Virginia Housewife*』を出版した（のちにこの本は、「19世紀のもっとも影響力ある料理書のひとつ」と食物史の研究者たちから評価される）。この本のレシピの多くは、ジェファーソンの娘のマーサや孫娘の残した覚え書きとも一致する。おそらく家族間で料理のアイデアを交換していたのだろう。ナスタチウムの酢漬けのレシピもある。

実が完全に大きくなり、でもまだ若いうちに摘む。それをポットに入れ、熱湯に塩を足したものをそそぎ、3〜4日間置く。その後、水を捨て、冷たい酢をひたひたになるまで入れる。メース（ナツメグの薄皮）や黒コショウの粒を加える。

ナスタチウムは、スパイシーなクレソン（クレソンの学名は *Nasturtium officinale* だ）のような味がする。葉はグリーンサラダならなんでも合うし、スープにもよい。ドワイト・D・アイゼンハワー大統領は栄養たっぷりの野菜スープを好んだことで知られ、そのスープにはナスタチウムが入っていた。チャイブと一緒にすれば、葉も花も、オムレツやポテトサラダにぴったりだ。

裕福なイザベラ・スチュワート・ガードナーは、19世紀の芸術家たちのパトロンとしてボストンに自身の名を冠した美術館を設立し、ナスタチウムで飾り立てた。イースター休暇の1週間前になると、彼女はこの花をよく吊るした。ナスタチウムは美術館の温室で冬のあいだも栽培され、春の展示に備えられた。美術館のバルコニーからヴェネツィア風中庭にナスタチウムのつるを垂らすのは1世紀以上続く伝統となり、春の訪れが近いという知らせでもある。美術館の「カフェG」では、春になると季節料理とともにメニューの目玉として食用花が使われる。

◉アメリカのその他の食用花

アメリカ大陸では、ほかにもたくさんの食用花が食卓を飾っている。「フロール・デ・イソーテ」（和名メキシコチモラン／学名 *Yucca guatemalensis*）は、根菜キャッサバとよく混同される。ユッカの花はビタミンとミネラルをたっぷり含んでいる。中央アメリカの先住民たちは、さまざまな種類のユッカの花のつぼみを食べる。つぼみはちょっとスパイシーで酸味が強く、嫌う人もいるようだ。サラダに入れたり、卵やジャガイモと調理したりする。

「カナダのハニーウォート」と呼ばれるミツバ（*Cryptotaenia canadensis*）はセリ科（ニンジンの仲間）に属し、北米の東部によく見られ、南はフロリダまで自生する。「ワイルドチャービル」とも呼ばれ、丸ごと食べられる植物だ。小さな花は調理してサラダに入れ、香りを楽しむ。

実の形がバナナに似ているトケイソウ属の「バナナパッションフルーツ」（*Passiflora*）は、かわいい花びらも食べられる。特にサラダに入れると味わい深い。食用花の常だが、雄しべは必ず取り除

アメリカで採れるその他の食用花。（最上段から左、右の順に）フロール・デ・イソーテ、ミツバ（カナディアンハニーウォート）、バナナパッションフルーツ、ロロコ、アメリカハナズオウ、マグノリア、コロリンの花（「鳥の舌」ともいう）、アキノキリンソウ。

くこと。つけ合わせとして飾るなら、皿の上で取り除くことを知っている人にしか出してはいけない。ボリビアやベネズエラ、コロンビア、ペルーの高地の谷間では野生の花が咲いている。

主としてエルサルバドルだが、中央アメリカとメキシコ全体で見られるロロコ（*Fernaldia pandurata*）は「ププーサ」という料理によく使われる。これはトースト（あるいはグリル）したチーズサンドに似た料理で、作りたてのトルティーヤ2枚に、ロロコの花やチーズをはさんだもの。つぼみやまだ開いていない花も一緒にチーズや卵、米や鶏肉と調理し、クレープやトルティーヤ、タマーレ（トウモロコシ粉の蒸し料理）に使われる。アメリカ合衆国では新鮮なロロコは手に入らない。農務省の商品および生物学的リスク分析の承認待ちである。ただし瓶詰か冷凍のものは購入可能だ。

アメリカハナズオウ（*Cercis Canadensis*）はアメリカ合衆国とカナダ全土で見られる。濃いピンク（花の名は「赤いつぼみ」という意味）のつぼみは、春の訪れを真っ先に告げてくれる。アメリカ先住民はアメリカハナズオウの花を生で、あるいは調理して食べ、若い鞘《さや》も種も食用にする。花は酢漬けにしてサラダに入れたり薬味にする。つぼみは酢漬けにすればケイパーの代わりになる。

アメリカ合衆国南部ならどこにでも咲いているマグノリア（和名タイサンボク／学名 *Magnolia grandiflora*）の美しい雪のような花が食べられることは意外に知られていない。ただし花びらだけだ。生ではなく、甘い酢漬けにして食べる分だけきざんで食べる。強い香りがあるのでサラダの風味づけに向いている。

コロリンの木の、細い豆のさやのように見える深紅の花は「鳥の舌」と呼ばれ、メキシコでは植民地時代以前から食べられてきた。花はきれいに洗ってから、塩と、色を鮮やかに保つための火山岩のかけらと一緒にゆでる。卵やチーズと混ぜ、油をひいたフライパンで卵入りパンケーキにすることが多い。

1773年に起きたボストン茶会事件はアメリカ合衆国が独立するきっかけとなったが、紅茶の品不足も引き起こした。幸い、アメリカ東部の（芳香性）アキノキリンソウ（*Solidago odora*）の花と葉は、お茶にするとアニスのような味がし、当時のアメリカ独立革命の推進派はこれを「自由のお茶」と呼んだ。

あとがき

オハイオ州ヒューロンの「シェフズ・ガーデン」でのことだった。農家のリー・ジョーンズが小さな白い花を折って、こう聞いてきた。リーが聞く。「これ、何だかわかりますか」。私たちは驚いて顔を見合わせ、うれしくなった。もちろん知っていた！　ほんのひと月前、1万3000キロも離れたベトナムはダラットの「ゴールデン・ガーデン」で、ボブ・アレンがまったく同じ花を手にして、まったく同じ質問を私たちにしたのだ。ジョーンズとアレンは、食用花マーケットにおけるこの花に同じくらい期待しているようだった。わさびの花がこの活気ある食の分野で、世界的ヒットになることは疑いない。ナスタチウムがはっきりしたセイボリーに似た香りをもつように、この小さくデリケートな白いわさびの花には、思いがけなく、ぴりりとしたパンチがある。

本書を書くにあたってもっとも胸がときめいたことのひとつは、「リサーチ」という名目の旅行だった（友人たちはやっかみを込めて「例のリサーチね」といったものだ）。ラオスからメキシコ、フランスからトルコをまわり、市場や農場や工場や商店を訪ねたことで、食用花の歴史がより生きいきと、身近に感じられた。読者にもそれが伝わってくれるよう願っている。インターネットでのリ

わさびの花

サーチでも、複雑な食用花の歴史を探っていくうちに、私たちが「うさぎの穴」と呼んだ、不思議の国への落とし穴に何度か落ちることになった。私たちは食用花についての新たな、そして刺激的な事実を発見し、夢中になった。誰でも平等に利用できる情報源を見つけ、空想上の食用花レシピを考えては楽しんだ。そして私たちは発見した——この食の分野には、好奇心と興味にあふれた人々が大勢いることを。食用花の未来は、明るい。

食用花を食べるにあたっての注意事項

……だって肝心なのはきっと、花を食べること、そして恐れないことだから
——E・E・カミングス

花を食べることについての注意事項についてこれから書こうというときに、こんな言葉を引用したのは奇妙かもしれないが、私たちは食べるものに慎重すぎるように思う。野草などを採って食べながら「自然」な食物を食べることを提唱するユエル・ギボンズはかつて、インタビューの場でもっともよく聞かれることは「そんなものを食べて怖くないですか?」だと言っている。いつから人は、食べることをそれほど恐れるようになってしまったのだろう。何にでも「安全」というラベルが貼られないといけないと考えるようになってからだろうか。それとも、食物の多くに毒物が散布されているせいで、食べ物自体が毒だと思うようになってしまったのだろうか。

花を食用と非食用に分類するのは簡単ではない。16世紀の医師で化学者のパラケルススの格言を思い出してもらいたい。「用量しだいでは、すべてのものが毒となる」。つまりたいていのものは、

過剰に摂れば毒になりうるということだ。多くの花がファイトケミカル［植物に含まれる化学成分］を含有しているが、これは量が多すぎれば毒になりかねない。たとえば、リンゴの花はシアン化物の前駆体《ぜんくたい》を含むことがある。

薬草に関する民間伝承でも、花が薬用に使えることは知られているが、薬というのは特定の症状のために正しい量を使うのでなければ、毒なのである。キツネノテブクロは古代ローマ人が薬用に使っていたもので、ヨーロッパでは10世紀には心不全の治療に効くと知られていた。確かにキツネノテブクロはジギタリスという化学物質を含み、これは現在も製薬会社が心臓病治療のために製造しているものだ。現代の製薬会社は製造工程を管理し、完全に制御された製品を作り、それを医師が正確に患者に処方するようにしている。自分でキツネノテブクロを使って治療を試みてはならない。だからこそ念のために、キツネノテブクロは「食べられない」花とされているのだ。

ほかの花に関しても、「食べられる／食べられない」をはっきりと決めることはできない。たとえばツツジだ。この花はアメリカ合衆国をはじめとするほとんどの国で、「食べても害はない」とは思われていない。しかし北朝鮮の人々はツツジを食べてきた。そしてその結果、亡くなった子供たちもいる。ところが、韓国の女性はツツジの花を餅に載せ、「花餅」としてサンジナル（韓国の桃の節句）に食べるが、悪いことは起こっていない。韓国のツツジは種が違うのだと考えられる。

ハイビスカス・ティーはおだやかな利尿効果があるが、それはスイカも同じだ。スイカを毒だと考える人はいないはずだ。車 薬草《くるまばそう》は大量に摂ったあとで出血をすると、血が止まらなくなる可能性がある。ベゴニアにはさまざまな品種があるが、食用にできるのは球根ベゴニアの花びらのみ。それも食べすぎは良くなく、痛風や腎臓結石、リウマチを患っている人は禁物だ。花のなかには、カンゾウのように、ときに緩下剤《かんげざい》と同じ働きをするものがある。こうした花は、食べすぎると下痢を起こしたりする。

特定の花の花粉にアレルギーのある人もいる。たとえば花粉症やぜんそく持ちの人は、デイジーの仲間（キク科キク亜科）を食べると特に反応を起こしやすい。「人によってはアレルギー反応を起こす」というだけで食べられない花に分類されるものも多い。しかし、アレルギーを起こす人がいるからといって、ピーナッツを食べられないものに分類する人はいない。食物にアレルギーのある人は、特定の花粉に反応することが多い。花粉によるアレルギーの可能性を減らすため、花から雄しべ（花粉を作る部分）を取り除くことは広く行なわれており、また花粉を落とすために、花は食材として使う前に洗うのが普通だ。健康食品店で売られている花粉も、アレルギー反応が出ないことを確認するまでは少量ずつ使うべきだろう。

ランなどの花は厳密にいうと食用花にあたるが、特においしいものではない――というより、味はないに等しい。キンギョソウの味もまた「無味」といわれることが多い。だが当然ながら、味覚は人によって異なる。ほとんどのガイドラインで、花びらは底の部分を切り取ることをすすめている、この部分が苦いことが多いためだ。とはいえ、ジェニファー・マクレガン著『苦み――世界でもっとも危険なフレーバー、レシピつき *Bitter: A Taste of the World's Most Dangerous Flavors, with Reci-*

pes』（２０１４年）に書かれているように、わずかな苦み（ルッコラや赤チコリを考えるとよい）は興味深く、料理に複雑さを与えることもある。

大昔の先祖たちは植物を見分ける能力があったはずが、現代人はその知識を失ってしまったようだ。この能力は、しっかりとした調査を経て書かれた本、たとえばユエル・ギボンズの『食べられる野草ハンドブック *Handbook of Edible Wild Plants*』などを読んだりすれば取り戻すことができるだろう。フォレジング、つまり野草採りについては専門の「Meetup（ミートアップ）」グループ、たとえばフィラデルフィアの「ワイルド・フーディーズ」などから直接学んだり、ナチュラリストのスティーブ・ブリル（あだ名は「ワイルドマン」あるいは「セントラルパークの野草取り」）のデモンストレーションを見たりするのも勉強になる。ブリルは１９８６年、ニューヨークのセントラルパークでタンポポを採って食べていたところを逮捕され、一躍有名になった。また、古い草本誌などを参考にするときは注意が必要だ。内容が古くなっているかもしれないため、自分の体で実験をしてはならない。

ユエル・ギボンズは、花が食べられるかそうでないかを見分けるためのわかりやすい指標などないという態度を崩さないが、一般的に守るべきガイドラインはある。自信を持って見分けがつく、食用だと言い切れる花だけを使うこと。エルダーフラワーやノラニンジンはどちらも食べられるが、毒性のヘムロック（毒ニンジン）に似ているという人もいる（ソクラテスが薬殺刑に処せられたときに使われた植物だ）。分類学は重要だ。たとえば、カンゾウ（ワスレグサなど、キスゲ亜科 *Hem-*

erocallidoideae）は食べられるが、見た目がよく似たユリ科の花は食べられない。

花に殺虫剤がついていないことを確認しよう。花屋の花はほとんどの場合殺虫剤がかけられているので、食べてはいけない。切り花は、食用作物に許可されている量の50倍ほども殺虫剤や殺菌剤がついている場合がある。また、こうした花は環境規制がゆるい国から輸入された可能性もあり、その場合、輸入花は害虫がついていないことが条件とされるため、化学薬品にたっぷりまみれているかもしれない。

汚染されていない花を使うこと。汚染とは、たとえば汚水、車の排気ガス、鉛系の塗料などだ。実際には予防は困難だが、この困難さは、花や野菜を育てるのに、安全で環境にやさしい有機栽培が重要であることも教えてくれる。

食用花を外で摘むときも、気づかいを忘れないようにすることが大切だ。私有地で許可なく野草摘みをしてはいけない。許可を得たとしても、なるべく環境に影響しないよう注意して行なうこと。絶滅危惧種の花は採らない。食用花をジャムや砂糖漬けなどの方法で保存するときは、すすめられている手順を守り、食品に雑菌（ボツリヌス菌など）が入らないようにしよう。

人に出す料理の皿には食べられるもの以外は載せないほうがよい。いくらきれいでも、クリスマスのディナーの席に食用に適さないポインセチアを飾ってはいけない。もし口に入れてしまったら、口の中にひりひりした刺激を感じたり、嘔吐してしまうことさえある！　軽く炒めたセージの小枝を添えるほうがずっとよい。かわいらしくておいしいだけでなく、セージなら七面鳥の詰め物にも使われている場合が多く、無理なくなじむだろう。

私たちはできる限り正確で完全な、最新の情報を収めようと努めたが、読者の方々もぜひ、自分でも食用花について調べてみてほしい。なお、本書に書かれている情報はあくまでも教育を目的としたものであり、特定の医療や治療法を宣伝するものではないことをお断りしておく。

謝辞

この本が形になるまでに、世界中のたくさんの方に助けていただいた。特に以下の皆様に感謝したい。リアクション・ブックス社『Edible』シリーズの企画編集者であるアンドルー・F・スミス。この本のためにわざわざ花を食べてくれた「偉大なる助っ人」トム・カーカー。そして惜しみなく専門技術を分けてくれた、フィラデルフィアを拠点にする写真家ジョアン・ベニング。

多くの食用花の栽培者や販売業者たちが、時間をさいて貴重な情報を提供してくれた。特に、デラウェア州ホッケシンの「スプリングタイム・ハーブ・ファーム」のオーナー兼経営者、マージョリー・ラグルス。ベトナム、ダラット市の「ゴールデン・ガーデン・プロデューズ」のボブ・アレンとフエ夫妻。オハイオ州ヒューロンの「シェフズ・ガーデン」の栽培者リー・ジョーンズとスタッフのアレン、マディソン、ミシェル、ジュディ、アルファート。ノース・カロライナ州ピッツボロの「ノームズ・ファーム」のアン・レンハート。ニューヨーク市「カルスティアンズ」のドナ・アブラムソン。ペンシルベニア州ワーナーズビルのサフラン栽培者、ジャスティン・ハルシザー。

また、次の方々にも大変お世話になった。メキシコ、オアハカの「カサ・クレスポ」のシェフ、オスカル・カリゾサ。ペンシルベニア州ステートカレッジの「ヘーウィッグのオーストリアン・ビストロ」のシェフ、ベルンド・ブランドシュテッター。ベトナム、ホーチミン市の「チー・ホア」レストランのシェフたち。ベトナム、サパの「ブティック・スパ・ホテル」。ニューヨーク市の「ユンナナン・キッチン」。ペンシルベニア州ラファイエット・ヒル、「ペルシャン・グリル」。

完成前の早い段階で原稿を読んでいただき、編集と校正上のアドバイスをくれたキャサリン・ローレンツ博士。同じように、シンシナティ市の「フレンズ・アンド・ブックス」ブッククラブのメンバーたち。豆の花の調査に協力してくれたシンガポールのシャーロット・チュウ。国際料理専門家協会メンバーで『ザ・フード・タイムライン』のエディター、リン・オリヴァー。応援し支えてくれたペンシルベニア州ウェインの「オールド・イーグル・ガーデン・クラブ」。４００冊もの書籍を出して調査に協力してくれた、シンシナティおよびハミルトン郡公共図書館。セント・バーナード分館のすばらしいスタッフ。アジアのマーケットについての知識をシェアしてくれた、フードブログ（https://asianmarketsphilly.wordpress.com）のライターでペンシルベニア大学のデイヴ・デットマン。食用花を摘む楽しみについて教えてくれた、フィラデルフィアの「ワイルド・フーディーズ」のMeetup（ミートアップ）グループ。

ペンシルベニア州ピッツバーグのハートウッド・エイカーズ・マンションで、すばらしい「食用花の午餐とガーデン・ツアー」を過ごさせてくれたスタッフたち。花食材の新たな使用法について教えてくれたニューヨーク市の「インスティテュート・オブ・カリナリー・エジュケーション」専門学校。ベトナムのサパの「七色のおこわツアー」を手配してくれた、ハノイ市の「ベト・ビジョン・トラベル」のトレーシー。

そして最後に、編集者としてたゆまぬ仕事をし、私たちの世話をしてくれたジョン・カチューバ。

訳者あとがき

『食用花の歴史 *Edible Flowers: A Global History*』をお届けします。本書はイギリスのReaktion Books社が2008年から刊行している「The Edible Series」の一冊として、2016年に出版された原書の全訳です。2010年には料理とワインに関する良書を選定するアンドレ・シモン賞の特別賞も受賞しているこの人気シリーズは、さまざまな食材や料理、飲み物を取り上げ、2019年末の時点ですでに80冊、今後も続刊が予定されています。

その中でも「食用花」はちょっとユニークなテーマと言えるでしょう。植物が種を宿すための器官である花は、その美しさや香りを愛でるものですが、「食べ物」としてすぐに思い浮かべるものではありません。料理のつけ合わせ、飾りとしてはよく目にしても、見慣れないめずらしい花になると、(これは食べていいのだろうか)と迷うこともあります。

いったいいつから、なぜ、人は花を食べるようになったのか、そして現在どのように幅広く人気を得ているのか。本書は古代文明の時代から中世を経て19世紀、そしてヴィクトリア朝から、現代の分子ガストロノミーまで、グローバルな食と花とのかかわりを探ります。

また、アジア、地中海および中東、ヨーロッパ、南北アメリカと地域で区切って、土地に結びついた食用花の文化を紹介していきます。さらに、花づくしの「花のディナー」メニューを提案、実際に作れるレシピつきです。

花は日常的に食べるものではないからこそ特別なもの、料理の格を上げるもの、料理人が食べる人のことを思って心をこめて使うもの、と著者たちは言います。だからこそ、その使い方が時代とともに、文化の発展に応じて洗練されたものになっていくのですね。

ただし、花を食べることが常に優雅なぜいたくであるとは限らないことも忘れてはいません。戦争や飢饉で他に食物がなく、最後の手段として食された例もある。そしてぜいたくが難しい時期だからこそ、あえて花を使った人々もいることが、書き添えられています。

著者のコンスタンス・カーカーはペンシルベニア州立大学で長年、美術史を教えてきました。東洋通で、日本文化にも造詣が深い人です。ガーデニングやフラワーアレンジメントの名手であり食通の彼女は、大学を２０１２年に退官した後も食の歴史について研究を続け、論文を発表しています。一方メアリー・ニューマンは医学分野の出身。毒物学の博士号をもち、オハイオ大学、マルタ大学で教鞭をとってきました。科学雑誌に論文を寄稿するかたわら、ユリの栽培で賞をとったり、ウェディング・ケーキをデザインするなど多方面で活躍、お菓子作りも大好きだそう。国際料理専門家協会メンバーでもあります。

実はこのおふたり、姉妹なのです。専門が美と医学というのは、絶妙の組み合わせではないでしょうか。趣味も合って仲の良さそうな彼女たちが厖大な古今の文献にあたり、世界各地で現地調査もしながらまとめた本書には、歴史をひもとく楽しみ、食べるよろこび、花の魅力があふれています。興味深いエピソードをまじえて食用花の歴史が語られる本書を訳すのは、とても楽しい作業でした。訳者以上に、読者のみなさんが楽しみを味わっていただけるよう願っています。きっと、スーパーで売られているパックの刺身に添えられた菊の花にも長い歴史があることを思い、今までとは違った目で見ることができるようになるでしょう。

料理に興味のある方は、ぜひレシピを参考に、花のディナーやティータイムに挑戦してみてください。オンラインで買える食用花も豊富になってきています。家庭菜園で育てれば、安心して食べられる美しい食材が手に入ることになります。野草を摘むときには本書の注意書きにしたがい、ルールを守り、安全に採取するよう、お気をつけください。またいつも、「用量しだいでは、すべてのものが毒となる」という言葉をお忘れなく。

最後に、翻訳にあたって原書房の中村剛さん、株式会社リベルのみなさんに大変お世話になりました。心から感謝の意を表します。

２０１９年10月

佐々木紀子

写真ならびに図版への謝辞

著者と出版社より，図版および写真の使用を許可してくれた以下の方々に感謝を申し上げる。

Bo Basil: p. 97; © The British Library Board: p. 25; Walter Francis Elling: p. 73; Hozinja: p. 125; iStock: p. 6 (Jowita Stachowiak); Constance L. Kirker: pp. 11, 19, 68, 90; Constance L. Kirker/Mary Newman: pp. 8, 9, 13, 24, 36, 48, 51, 67, 71, 74, 76, 79, 80, 88, 92, 101, 103, 108, 110, 119, 124, 128, 132, 138, 140, 143 , 146, 154, 158; Ladurée: p. 115; Ann Lenhardt from Norm's Farms: p. 130; poster image by SyracuseCulturalWorkers.com SCW © 2009: p. 58; © 2016 United States General Services Administration and California State Parks, Monterey State Historic Park Collection: p. 93; Victoria & Albert Museum, London: p. 150 ; Yale University Library: p. 55.

参考文献

Albala, Ken, ed., *The Food History Reader: Primary Sources* (New York, 2014)
Bacher, Miche, *Cooking with Flowers* (Philadelphia, PA, 2013)
Barash, Cathy Wilkinson, *Edible Flowers: From Garden to Palate* (Golden, CO, 1993)
Belsinger, Susan, *Flowers in the Kitchen: A Bouquet of Tasty Recipes* (Loveland, CO, 1991)
Bissell, Frances, *The Scented Kitchen: Cooking with Flowers* (London, 2007)
Brown, Kathy, *The Edible Flower Garden: From Garden to Kitchen* (Wigston, 2011)
Burger, William C., *Flowers: How They Changed the World* (New York, 2006)
Creasy, Rosalind, *The Edible Flower Garden* (Singapore, 1999)
Crowhurst, Adrienne, *The Flower Cookbook* (New York, 1973)
Davidson, Alan, *The Oxford Companion to Food* (New York, 1999)
Freedman, Pail, ed., *Food: The History of Taste* (Berkeley, CA, 2007)
Gibbons, Euell, *Stalking The Healthful Herbs* (New York, 1966)
Laudan, Rachel, *Cuisine & Empire: Cooking in World History* (Berkeley, CA, 2013)［レイチェル・ローダン著，ラッセル秀子訳『料理と帝国——食文化の世界史 紀元前2万年から現代まで』みすず書房，2016年］
Leggatt, Jenny, *Cooking with Flowers* (New York, 1987)
Leyel, C. F., *Herbal Delights: Tisanes, Syrups, Confections, Electuaries, Robs, Juleps, Vinegards and Conserves* (London, 1937)
Mackin, Jeanne, *Cornell Book of Herbs & Edible Flowers* (Ithaca, NY, 1993)
MacNicol, Mary, *Flower Cookery* (New York, 1967)
McVicar, Jekka, *Cooking with Flowers* (London, 2003)
Morse, Kitty, *Edible Flowers: A Kitchen Companion* (New York, 1995)
Sitwell, William, *A History of Food in 100 Recipes* (New York, 2013)［ウィリアム・シットウェル著，栗山節子訳『100のレシピをめぐる人々の物語』柊風舎，2016年］
Smith, Leona Woodring, *The Forgotten Art of Flower Cookery* (Gretna, 1973)
Stewart, Amy, *The Drunken Botanist* (Chapel Hill, NC, 2013)
Tenenbaum, Frances, ed., *Taylor's 50 Best Herbs and Edible Flowers: Easy Plants for More Beautiful Gardens* (New York, 1999)

レシピ集

◉アリテル・ルス・イン・アヴィブス（もうひとつの鶏のソース）

アピキウス（伝）『ローマ帝国の料理法と食事 *Cookery and Dining in Imperial Rome*』，ジョーゼフ・ドマース・ヴェーリング編集・翻訳（ニューヨーク／1977年）より。

1. コショウ，ラベージ，パセリ，乾燥ミント，フェンネルの花をワインに漬ける。
2. これにポントゥスのナッツ（トルコのヘーゼルナッツ）かアーモンドを炒ったもの，ハチミツ少々，酢，ブロス（煮出したスープ）を加えて味を調える。
3. 鍋に油を入れて火にかけ，先ほどのソースを熱してかき混ぜる。
4. 緑のセロリの種とキャットミントを加える。
5. 鶏肉を切り分けてソースをかける。

◉バラの砂糖漬け

ハナ・ウーリー『淑女の友 The Gentlewoman's Companion』（1675年版）より

1. 赤いバラのつぼみをとって，白い部分や傷のあるところ，しおれた部分をすべて切り取る。
2. バラ450*g*に対して砂糖を3倍の1350*g*用意しておき，バラが細かくなるまで押しつぶし，乾いてきたらレモン果汁かローズウォーターを少々足す。
3. バラが十分細かくなったと思ったら，砂糖を加えてよく混ぜ合わせ，小さな壺かガラス瓶で保存する。

同じ方法でスミレの花の砂糖漬けも作れる。これには高熱や悪寒をやわらげる効果がある。アーモンド・ミルクに溶かして飲むとよいだろう。また子供のさまざまな炎症にも大変よく効く。

同じように調理したカウスリップ（キバナノクリンザクラ）には，頭の働きをよくし，精神病を予防し，記憶力を向上させ，頭痛を癒やし，しつこい慢性頭痛をもやわらげる効果がある。

マリーゴールドも同じ方法で保存できる。朝一番で摂ることで，憂鬱を晴らし，動悸をやわらげ，あらゆる重病に対して効果を発揮する。

◉ブラマンジェ

ロバート・メイ『料理の名人 *The Accomplisht Cook*』（1685年）より

1. 雄鶏をゆでるかローストして細かくきざむ。
2. 湯通しして皮をむいたアーモンド450*g*を砕いてペースト状にする。
3. そこにきざんだ雄鶏を混ぜ，ローズウォーターを少し加え，クリーム，卵白10個分，マンチェット（上等な白パン）をおろしたものを混ぜ込む。
4. 上記に塩と砂糖，マスク（モンキーフラワー）少々を入れてこす。
5. 鍋（大きめの片手鍋でも可）で，粥状になるまでよくかき混ぜながら煮る。
6. 再びこして，粥と同じように供するか，ロイヤル・ペーストの器に盛りつける。

器にするペーストを作るには，450*g*の小麦粉と110*g*のバター，卵黄4つ分を使う。バターをきれいな水1カップに煮溶かす。卵黄を小麦粉に混ぜ，器の片側にまとまる。溶けたバターを別の側から注ぎ，たねを手早くまとめ，乾きすぎないように気をつけながらしっかりと固める。

……………………………………………

◉フェアリー・バター

フェアリー・バターはオレンジ・バターとも呼ばれ，18世紀のイギリスとアメリカで人気だった。第4代ファーストレディのドリー・マディソンがホワイトハウスで食卓に出したし，エリザベス・クリーランドは1759年の『レシピの本 *Receipt Book*』に入れている。以下のレシピは，1807年のマリア・エリザ・ランデル『新しい家庭料理法 *A New System of Domestic Cookery*』から。

1. 卵を6つ，固ゆでにする。
2. 卵黄をすり鉢に入れて，精糖，オレンジフラワーウォーター，バター110*g*，練ってペーストにしたアーモンド50*g*と共にすりつぶす。
3. すべて混ざったら，こし器でこして皿に移す。

……………………………………………

◉7月14日（仏革命記念日）サラダ

アリス・B・トクラスの『アリス・B・トクラスの料理読本 *The Alice B. Toklas Cook Book*』（ニューヨーク／1954年）より。アリス・B・トクラスはこのサラダで革命記念日を祝った。食用花のケイパーとナスタチウムを使う。

(4人分)
マヨネーズ…2カップ（440*g*）
ケイパー…½カップ（120*g*）
きざんだディルのピクルス…½カップ（120*g*）
骨を取り除いた白身魚かビンナガマグロ…450*g*
サフラン…ひとつまみ

材料を混ぜ，ナスタチウムの葉とキュウリのサラダと共に供する。

ドレッシングはオリーブ油とニンニクにタラゴン・ビネガーを混ぜたもの。オレンジと赤いナスタチウムをつけ合わせる。サラダは食用花を加えやすい料理だ。マリーゴールドの花びらやスミレ，ルリジサの花はサラダに入れるととても魅力的。つけ合わせのルリジサの花はちょっとキュウリに似た味がするため，サラダに入っているキュウリの味を補う。

◉バラのつぼみを添えたビーフ

リリア・ザウアリ『イスラム世界，中世の料理 *Medieval Cuisine of the Islamic World*』より（カリフォルニア州ロサンゼルス／2007年）。

（4人分）
シチュー用牛肉…225*g*
オリーブ油…大さじ1
タマネギ薄切り…1個分
乾燥させたバラのつぼみを砕いたもの…大さじ1
レモン汁…1個分
挽きたて黒コショウ…小さじ2
シナモン…小さじ2
マスティック・ガム（マスティックの樹液を原料とした食用ガム，好みで）…小さじ¼
ビーフ・ストック（スープ）…1カップ（240*ml*）

1. 中世では，肉は湯通しされるのが普通だった（沸騰した湯に1～2分入れる）。現代人ならこの過程をとばして，サイコロ切りにした牛肉を薄く切ったタマネギとともに大さじ1のオリーブ油で炒めるのを好むかもしれない。
2. タマネギがやわらかくなったら，コショウとレモン汁，シナモンとバラのつぼみを入れる。
3. もしあればマスティック・ガムを加える。なければ，代わりに炒った松の実を仕上げに添えるとよい（マスティック・ガムは少し松の実に似た味がする）。ここにあげたスパイスをそろえるのが大変なら，「アドヴィエ」（砕いたバラのつぼみに黒コショウやシナモン，あるいはその他のスパイスをブレンドしたスパイス・ミックス）を使ってもよい。エスニック食品店やスパイス専門店で買えるはずだ。
4. ビーフ・ストックを加えて30分間弱火で煮る。

◉アメリカ先住民ハヴァスパイ族のカボチャの花のプディング

キャシー・ウィルキンソン・バラッシュ『食用花――デザートと飲み物 *Edible Flowers: Desserts and Drinks*』（コロラド州ゴールデン／1977年）より。

（4～6人分）
青トウモロコシ*…3本分の穀粒

カボチャの花（茎を取ったもの）…2〜3カップ（100〜150*g*）
調味用の塩…少々
* 青トウモロコシは未熟なスイートコーンのこと。青トウモロコシが手に入らなければ，ホワイトコーンの粒2カップ（290*g*）でも代用できる。

1. トウモロコシをソースパンに入れる。ひたひたになるまで水を加え，中火から弱火で30分ゆでる。
2. 別のソースパンにカボチャの花を入れる。水を入れて蓋をし，沸騰させてやわらかくなるまでゆでる。その後，水を切って花をすりつぶす。
3. つぶした花を青トウモロコシの鍋に入れ，とろみがつくまで煮る。塩で味を調える。

◉スミレとパイナップルのスープ

レオーナ・ウッドリング・スミス『忘れられた花料理 *The Forgotten Art of Flower Cookery*』（ニューヨーク／1973年）より。

（4人分）
パイナップル果汁…3カップ（720*ml*）
クイック・タピオカ…大さじ2
レモン汁…1個分
レモンの皮（おろしたもの）…小さじ½
スライスしたイチゴかレッドラズベリー…2カップ（300*g*）
ざく切りしたオレンジの袋，あるいは水を切った缶詰のマンダリン（みかん）…1カップ（150*g*）
オレンジ・リキュール（好みで）…大さじ2
サワークリーム…大さじ2
生のスミレ…½カップ

1. パイナップル果汁，レモン果汁，レモンの皮，タピオカを合わせて沸騰させ，その後室温と同じ温度になるまで冷ます。
2. 果物とオレンジ・リキュール，スミレを加えて混ぜ，よく冷やす。
3. 食卓に出す前にそれぞれのボウルに分けてサワークリームと新鮮なスミレで飾る。

◉バラの花びらのソルベ

ロザリンド・クリーシー『食用花の庭 *The Edible Flower Garden*』（マサチューセッツ州ボストン／1999年）より。

バラのシロップ…¾カップ（180*g*）
白ブドウの果汁*…3カップ（720*ml*）
レモン汁…1個分
* クリーシーは，遅摘みのゲヴュルツトラミネール種のブドウの果汁を使うことを勧めているが，白ブドウ果汁にレモンを入れて代用することもできる。

1. 前日にシロップと果汁を混ぜて，アイスクリームメーカーに入れておく必要がある。アイスクリームメーカーの説明書の手順にしたがい，ソルベを作ろう。
2. ソルベが出来上がったら，密閉容器に入れ，冷凍庫で24時間冷やす。
3. クリーシーはバラの花にソルベを載せることを推奨しているので，大きなバラの花を用意する。中央部分を取り除き，少々の卵白を塗った皿の上に花びらを広げて接着させる。
4. 提供する直前にソルベをすくってバラの中に入れる。

花のソルベは同じやり方でさまざまな種類の花から作れる。

花のシロップは専門店で買える。エルダーフラワーやラベンダー，サフラン，ハニーサックル，ハイビスカスなどのフレーバーがある。アジア食品店ならばさらに，キューダ（タコノキ属の木の花）などもあるかもしれない。

シロップは手作りすることも可能だ。花のフレーバーをつけた水やビターズ（たとえばオレンジフラワーウォーター）などをシンプルなシロップに加えればよい（砂糖と水を同量火にかけて沸騰させて溶かし，冷ましてからフラワーウォーターを入れる）。

クリーシーは開いたバラの上にソルベを載せているが，チューリップやカンゾウ（デイリリー），ナスタチウムなどの花もかわいらしい容器になる。雌しべと雄しべは必ず取り除いておこう。

……………………………………………

◉セージの花のマスタード

キャシー・ブラウン『食用花の菜園 *The Edible Flower Garden*』（レスター／2011年）より

- セージの花（緑の部分をすべて取り除く）…大さじ2
- クレーム・フレッシュ［サワークリームの一種］…大さじ4
- イングリッシュ・マスタードの粉…小さじ¼
- セージの葉…大さじ1
- きざんだニラの葉…大さじ1

1. 花をひとつひとつていねいに茎から外す。傷んでいるものはすべて取り除く。
2. クレーム・フレッシュとマスタード粉を混ぜる。
3. 細かくきざんだセージの葉とニラをいくつかの小さなかたまりにまとめ，上記に加える。軽く混ぜたあと，セージの花を加える。

セージ以外のハーブの花もこのレシピに使うことができる。たとえばチャイブの花は，セージの花の代わりに使ったり，セージと一緒に使ったりしてもよい。

……………………………………………

◉ハイビスカスのチャツネ

ミーシュ・バシャー『花を使った料理 *Cooking with Flowers*』（ペンシルベニア州フィラデルフィア／2013年）より

生のブラックベリー…340g
ハイビスカスの花のシロップ漬け*…8つ（きざむ）
みじん切りにした赤タマネギ…½カップ（75g）
ハラペーニョ…1個（種を取ってきざむ）
みじん切りにしたショウガ…大さじ2
ディジョン・マスタード…大さじ2
塩コショウ…適宜（好みで）
白ワインビネガー…½カップ（120ml）
* ハイビスカスのシロップ漬けは瓶入りで売られている。なければ乾燥ハイビスカスを同量の水と砂糖に入れて，シロップになるまで煮詰めてもよい。

1. 酢以外の材料をソースパンに入れる。中火で時々かき混ぜながら5分ほど煮る。塩，コショウで味を調える。
2. 酢を混ぜ入れて弱火にし，10分かそれ以上かけて煮詰める。

このチャツネは密閉容器に入れておけば，冷蔵庫で最長で6週間も保存することができる。

………………………………………………

◉木須肉（ムーシユーロウ）

このレシピには金針（きんしん），つまり乾燥させたホンカンゾウの花のつぼみを使う。中国の言い伝えによると，金針を結ぶことで，花の精が逃げ出さないようにできるという。つぼみに結び目を作ることで，調理中の煮崩れを防げるという実際的な理由もある。

（4人分）
細切りにした豚肉の赤身…225g
乾燥キクラゲ…¼カップ（25g）
金針…½カップ（25g）
卵…3個（ほぐす）
米酢…大さじ1
醤油…大さじ2
コーンフラワー（コーンスターチ）…大さじ1
炒め油…大さじ3
おろしショウガ…大さじ1
ワケギ…1本（細切り）（または長ネギ¼本）
海鮮醤（かいせんじゃん）
薄餅または小麦のトルティーヤ

1. 豚肉を，米酢と醤油，コーンフラワーに漬け込む。30分寝かせる。
2. キクラゲを熱湯に漬けて30分置く。洗ってすすぎ，細かく裂く。
3. 金針を湯につけて30分置き，水を切って固い根元を切り取り，1輪を3本に切る。1本1本を真ん中で結んでいく。【質問47】

4. 中華鍋かフライパンを中火にかけ，大さじ2の炒め油を熱し，ショウガを入れる。卵を炒って取り出し，細かく切る。
5. 強火にして残りの大さじ1の油を足し，豚肉を炒める。
6. ワケギ，キクラゲ，金針を入れて3分ほど熱を通す。
7. 炒った卵を鍋に戻して混ぜる。
8. 海鮮醤を薄餅あるいはトルティーヤの表面に塗り，炒めた肉などを載せ，巻いて食べる。

………………………………………………

◉モロッコ風チキン・タジン

このレシピで使うスパイス・ミックスの「ラス・エル・ハヌート」は30種以上のスパイスを混ぜたスパイス・ミックスで，なかにはバラのつぼみやラベンダーも入っている。これを使うとモロッコらしい味を出せる。この料理にはサフランとオレンジフラワーウォーターも加わるので，食用花が4種類も使われていることになる。

（4人分）
鶏胸肉…2枚（食べやすい大きさに切る）
小麦粉…大さじ1（塩，コショウ，パプリカで味を調える）
タマネギ…1個（みじん切りにする）
ベイリーフ…1枚
ニンニク…2かけ（みじん切りにする）
おろしショウガ…大さじ1
サフラン…ひとつまみ（少量の熱湯に10分間ひたす）
パプリカ…小さじ½
ラス・エル・ハヌート…小さじ2
シナモン粉…小さじ¼
チキン・ストック（スープ）…1カップ（240ml）
ハチミツ…小さじ1
ドライ・アプリコット…⅓カップ（50g）（半分に切って水に漬ける。デーツあるいはレーズンを代用することもできる）
生のコリアンダー…ひとつまみ（ざく切りにしてつけ合わせにする）
オレンジフラワーウォーター…小さじ½

1. 鶏肉に小麦粉をまぶし，大さじ2の油を入れて熱した厚底のキャセロール皿に入れ，軽く焼き色をつける。
2. 鶏肉をいったん取り出し，次にタマネギをやわらかくなるまでソテーする。
3. ニンニクとショウガ，ベイリーフ，ラス・エル・ハヌートを加えてさらに1分間炒める。
4. 鶏肉，サフラン，チキン・ストックを入れる。
5. 煮立ったら蓋をしてオーブンに入れ，そのまま30～40分（あるいは鶏肉が焼けるまで）焼く。途中でアプリコットを加える。
6. チキンが焼き上がったら，ハチミツとオレンジフラワーウォーターを加え，さらに数分間オーブンで焼く。

7. 煮汁が薄すぎるようならさらに煮詰め，余分な油はスプーンで取り除き，新鮮なコリアンダーを添える。
8. クスクスか米を添えて食卓へ。

花のディナーのメニュー

本書のための調査を始めて間もなく，ピッツバーグ近くの歴史的邸宅ハートウッド・マンションで「食用花の午餐とガーデン・ツアー」というイベントがあることを知り，私たちはよろこんで参加した。その後しばらくメキシコのオアハカ市でリサーチを楽しんでいると，アデーラ・フェルナンデスの料理本『メキシコの伝統料理 *Traditional Mexican Cooking*』を発見した。著者の父親が恋人にふるまったというすばらしいディナーが載っており，すべてのコースに食用花が使われていた。シェフのアリス・ウォータースも，美しい「花のディナー」を自著『シェ・パニーズのメニュー *The Chez Panisse Menu Cookbook*』のなかの「忘れられないメニュー」の章でリストアップしている。

読者の皆さんにも，以下で紹介するコースを参考に，忘れられなくなるようなフラワー・パワーのメニューをぜひ作っていただきたい。ひとつの花をテーマにいくつかのコースを作るのもよいし，映画『赤い薔薇ソースの伝説』で官能的に描かれたような，ウズラにバラの花びらのソースを添えた豪華なメインディッシュに挑戦するのもよいだろう。インターネット上には食用花のレシピがあふれている。現代は，食用花を使った創造的なメニューを考案するフードコンサルタントもいる時代である。

◉カクテル

・ルリジサの花を浮かせたワイン
・花の入ったシロップやコーディアル（シャルトリューズやクレーム・デ・イヴェット，マイタイ，サンジェルマン，ラモス・ジン・フィズなど）を使う
・ハイビスカス・パンチ（ノンアルコール版）をパンチボウルに，花を入れたアイスリング（氷をリング型で固めたもの）や，花入りアイスキューブとともに入れる。

◉前菜

・デビルドエッグに花とケイパーを添えて
・アーティチョーク
・チーズ（花をチーズに押し花のように飾る）
・詰め物をしたナスタチウムあるいはハイビスカス，カボチャの花

・チーズと花を載せたブルスケッタ，トッピングにエンドウ豆やソラマメ，ルリジサ，チャイブ，バジル，わさびかカラシナの花

◉サラダ
・葉野菜とたくさんの花（ナスタチウム，マリーゴールド，その他多数），ドレッシングには花の酢を使って
・バナナの花のサラダ
・モロッコ風オレンジのサラダ（オレンジフラワーウォーターとバラの花びらを使用）
・コースのあいだの口直しに，ラベンダーかエルダーフラワーのソルベ

◉スープ
・カボチャのスープに炒めたカボチャの花を添えて（ほかの花びらも散らすとよい，たとえばルリジサ，ルッコラ，セージかタイムの花など）
・中国の酸辛湯（スーラータン），金針（きんしん／ホンカンゾウの花）入り

◉メインコース
（皿に食用花をつけ合わせとして添える）
・チキンのピカタ，ケイパー添え
・エルブ・ド・プロヴァンスをすり込んだポーク・ロースト
・チキン・バスティラ（オレンジフラワーウォーター使用）
・花鍋（ハスやカンゾウのさや，とうが立った中国野菜）
・ケサディーヤにロロコの花を入れて
・木須肉（ムーシユーロウ），金針（ホンカンゾウの花）入り

◉サイド
・サフラン・ライス
・ブロッコリーとブロッコリー・レイブの緑のつぼみ
・「とう立ち」した中国野菜
・アーティチョークとキノコのリゾット
・エルブ・ド・プロヴァンスを使ったスカラップド・ポテト（ポテトグラタン）
・カンゾウのさやや，カボチャの花のソテー
・フランスパンに花バターを添えて

◉ワイン
・エルダーフラワーまたはタンポポ酒（両方でも）
・菊酒

◉デザート
・スミレやパンジーの砂糖漬けで飾ったティーケーキの盛り合わせ
・インドあるいはペルシア風のローズウォーターを使った菓子各種（たとえばグラブ・ジャムンやファールーダ）
・スミレのキャンディやラベンダー・チョコレートなどの小さな菓子各種
・マリーゴールド・スコーンにフェアリー・バター（レシピ集で詳述）かバラの花びらのジャムを添える
・ラベンダーのクレームブリュレあるいはパンナコッタ，またはブラウニー
・球根シトラス・ベゴニア，ヨーグルト・ディップを添えてエルダーフラワーかハニーサックルのシロップをかけたベリー類

◉食後の飲み物
・ワイン（上記と同じ）
・お茶（乾燥した花で淹れるお茶が多数ある。たとえばハス茶など）
・コーヒー（オレンジフラワーウォーターを使ったミルク入りコーヒー，あるいはサフラン入りアラビア・コーヒー）

コンスタンス・L・カーカー（Constance L. Kirker）
ペンシルベニア州立大学元教授（美術史）。カリナリー・インスティテュート・オブ・アメリカシンガポール分校でも教鞭をとる。ガーデニング，フラワーデザイン，食文化に造詣が深い。

メアリー・ニューマン（Mary Newman）
オハイオ大学元教授。毒物学博士。公共経営学博士。共著に『*Why Is This Job Killing Me?* 仕事に殺される理由』がある。ガーデニングを愛するかたわら，ウエディングケーキのデザインも手がける。

佐々木紀子（ささき・のりこ）
東京外国語大学ロシア語科卒業。イギリス在住，現地企業に勤めながら翻訳に携わる。訳書にベンジャミン・グラント著『OVERVIEW 宇宙から見たちっぽけな地球のすごい景色』（サンマーク出版），ボブ・アーノット著『人生を変えるコーヒーの飲み方』（扶桑社）などがある。

「食《しょく》」の図書館《としょかん》

食用花《しょくようか》の歴史《れきし》

●

2019年11月25日　第1刷

著者……………コンスタンス・L・カーカー，メアリー・ニューマン
訳者……………佐々木紀子《ささきのりこ》
装幀……………佐々木正見
発行者……………成瀬雅人
発行所……………株式会社原書房

〒160-0022 東京都新宿区新宿1-25-13
電話・代表 03(3354)0685
振替・00150-6-151594
http://www.harashobo.co.jp

印刷……………新灯印刷株式会社
製本……………東京美術紙工協業組合

ISBN 978-4-562-05658-3, Printed in Japan

カクテルの歴史　《「食」の図書館》
ジョセフ・M・カーリン著　甲斐理恵子訳

氷やソーダ水の普及を受けて19世紀初頭にアメリカで生まれ、今では世界中で愛されているカクテル。原形となった「パンチ」との関係やカクテル誕生の謎、ファッションその他への影響や最新事情にも言及。

２２００円

メロンとスイカの歴史　《「食」の図書館》
シルヴィア・ラブグレン著　龍和子訳

おいしいメロンはその昔、「魅力的だがきわめて危険」とされていた!?　アフリカからシルクロードを経てアジア、南北アメリカへ…先史時代から現代までの世界のメロンとスイカの複雑で意外な歴史を追う。

２２００円

ホットドッグの歴史　《「食」の図書館》
ブルース・クレイグ著　田口未和訳

ドイツからの移民が持ち込んだソーセージをパンにはさむ——この素朴な料理はなぜアメリカのソウルフードにまでなったのか。歴史、つくり方と売り方、名前の由来ほか、ホットドッグのすべて！

２２００円

トウガラシの歴史　《「食」の図書館》
ヘザー・アーント・アンダーソン著　服部千佳子訳

マイルドなものから激辛まで数百種類。メソアメリカで数千年にわたり栽培されてきたトウガラシが、スペイン人によってヨーロッパに伝わり、世界中の料理に「なくてはならない」存在になるまでの物語。

２２００円

キャビアの歴史　《「食」の図書館》
ニコラ・フレッチャー著　大久保庸子訳

ロシアの体制変換の影響を強く受けながらも常に世界を魅了してきたキャビアの歴史。生産・流通・消費についてはもちろん、ロシア以外のキャビア、乱獲問題、代用品、買い方・食べ方他にもふれる。

２２００円

（価格は税別）

トリュフの歴史《「食」の図書館》
ザッカリー・ノワク著　富原まさ江訳

かつて「蛮族の食べ物」とされたグロテスクなキノコはいかにグルメ垂涎の的となったのか。文化・歴史・科学等の幅広い観点からトリュフの謎に迫る。フランス・イタリア以外の世界のトリュフも取り上げる。２２００円

ブランデーの歴史《「食」の図書館》
ベッキー・スー・エプスタイン著　大間知知子訳

「ストレートで飲む高級酒」が「最新流行のカクテルベース」に変身…再び脚光を浴びるブランデーの歴史。蒸溜と錬金術、三大ブランデーの歴史、ヒップホップとの関係、世界のブランデー事情等、話題満載。２２００円

ハチミツの歴史《「食」の図書館》
ルーシー・M・ロング著　大山晶訳

現代人にとっては甘味料だが、ハチミツは古来神々の食べ物であり、薬、保存料、武器でさえあった。ミツバチと養蜂、食べ方・飲み方の歴史から、政治、経済、文化との関係まで、ハチミツと人間との歴史。２２００円

海藻の歴史《「食」の図書館》
カオリ・オコナー著　龍和子訳

欧米では長く日の当たらない存在だったが、スーパーフードとしていま世界中から注目される海藻…世界各地のすぐれた海藻料理、海藻食文化の豊かな歴史をたどる。日本の海藻については一章をさいて詳述。２２００円

ニシンの歴史《「食」の図書館》
キャシー・ハント著　龍和子訳

戦争の原因や国際的経済同盟形成のきっかけとなるなど、世界の歴史で重要な役割を果たしてきたニシン。食、環境、政治経済…人間とニシンの関係を多面的に考察。日本のニシン、世界各地のニシン料理も詳述。２２００円

（価格は税別）

ジンの歴史 《「食」の図書館》

レスリー・J・ソルモンソン著　井上廣美訳

オランダで生まれ、イギリスで庶民の酒として大流行。やがてカクテルのベースとして不動の地位を得たジン。今も進化するジンの魅力を歴史的にたどる。新しい動き「ジン・ルネサンス」についても詳述。　2200円

バーベキューの歴史 《「食」の図書館》

J・ドイッチュ／M・J・イライアス著　伊藤はるみ訳

たかがバーベキュー。されどバーベキュー。火と肉だけのシンプルな料理ゆえ世界中で独自の進化を遂げたバーベキューは、祝祭や政治等の場面で重要な役割も担ってきた。奥深いバーベキューの世界を大研究。　2200円

トウモロコシの歴史 《「食」の図書館》

マイケル・オーウェン・ジョーンズ著　元村まゆ訳

九千年前のメソアメリカに起源をもつトウモロコシ。人類にとって最重要なこの作物がコロンブスによってヨーロッパへ伝えられ、世界へ急速に広まったのはなぜか。食品以外の意外な利用法も紹介する。　2200円

ラム酒の歴史 《「食」の図書館》

リチャード・フォス著　内田智穂子訳

カリブ諸島で奴隷が栽培したサトウキビで造られたラム酒。有害な酒とされるも世界中で愛され、現在では多くのカクテルのベースとなり、高級品も造られている。多面的なラム酒の魅力とその歴史に迫る。　2200円

ピクルスと漬け物の歴史 《「食」の図書館》

ジャン・デイヴィソン著　甲斐理恵子訳

浅漬け、沢庵、梅干し。日本人にとって身近な漬け物は、古代から世界各地でつくられてきた。料理や文化としての発展の歴史、巨大ビジネスとなった漬け物産業、漬け物が食料問題を解決する可能性にまで迫る。　2200円

（価格は税別）

コーヒーの歴史 《「食」の図書館》

ジョナサン・モリス著　龍和子訳

エチオピアのコーヒーノキが中南米の農園へと渡り、世界中で愛される飲み物になるまで。栽培と消費の移り変わり、各地のコーヒー文化のほか、コーヒー産業の実態やスペシャルティコーヒーについても詳述。　２２００円

テキーラの歴史 《「食」の図書館》

イアン・ウィリアムズ著　伊藤はるみ訳

メキシコの蒸溜酒として知られるテキーラは、いつ頃どんな人々によって生みだされ、どのように発展してきたのか。神話、伝説の時代からスペイン植民地時代を経て現代にいたるまでの興味深い歴史。　２２００円

ラム肉の歴史 《「食」の図書館》

ブライアン・ヤーヴィン著　名取祥子訳

栄養豊富でヘルシー…近年注目されるラム肉の歴史。古代メソポタミアの昔から現代まで、古今東西のラム肉料理の歴史をたどり、小規模で持続可能な農業についても考察する。世界のラム肉料理レシピ付。　２２００円

ダンプリングの歴史 《「食」の図書館》

バーバラ・ギャラニ著　池本尚美訳

ワンタン、ラヴィオリ、餃子、団子…小麦粉などを練ってつくるダンプリングは、日常食であり祝祭の料理でもある。形、具の有無ほか、バラエティ豊かなダンプリングにつまった世界の食の歴史を探求する。　２２００円

シャンパンの歴史 《「食」の図書館》

ベッキー・スー・エプスタイン著　芝瑞紀訳

人生の節目に欠かせない酒、シャンパン。その起源や造り方から、産業としての成長、戦争の影響、呼称問題、泡の秘密、ロゼや辛口人気と気候変動の関係まで、シャンパンとスパークリングワインのすべて。　２２００円

（価格は税別）